二〇三〇見真章

淨零碳排？別鬧了！

陳立誠·著

Nothing is more obstinate than a fashionable consensus.

——Prime Minister Margaret Thatcher

沒有什麼比流行的共識更頑固。

——英國前首相柴契爾夫人

序

這是本小書，但談的是一個大題目。本書討論一個極為嚴肅也極為重要的議題：減碳抗暖。本書指出目前全球追求的2050年淨零排放絕不可能達成。這並非個人獨得之祕，李遠哲與環保部長均有相同的斷言，但李遠哲等認為是人類不夠努力，本書則解釋以目前科技不可能達成。

請不要誤會，個人並非暖化Denier（否認暖化現象者，如美國總統川普），也並非認為減碳不重要。相反，個人認為全球暖化正在發生，減碳也極為重要，但錯誤的減碳政策絕非正途，對人類有害無益。

2021年全球各國政府在國內民粹及國際壓力下，一窩蜂承諾2050年要達到淨零排放。2021年距2050年只有30年，30年碳排歸零，表示每10年碳排就要降低1/3。但減碳是開頭容易後來越來越困難，所以國際能源總署（IEA）即以2030年較2021年碳排降低40%，之後每10年再降低30%，直至2050年淨零碳排為努力目標。IEA以每10年減碳之階段性目標，檢視2050年淨零排放是否可以達成。

如果2030年碳排要較2021年降低40%，則2023年約要降低10%，但實際上2023年全球碳排「創歷史新高」，2023年碳排較2021年是不減反增。由以上簡單分析即知2030年階段性目標萬難達成，同樣也顯示2050年全球淨零碳排也是鏡花水月。

蔡總統剛上任時承諾將以3兆元（光電、風電、氣電各

1兆元）進行能源轉型。但台灣碳排在其執政期間，不降反增。如今又承諾未來數年花9千億元減碳，也必將跳票。

其實以上問題還是其次，真正嚴重者為暖化減碳確為人類應共同嚴肅面對的重大問題，但目前全球執行的是打高空但實務上不可行的目標。人類資源有限，目前全球無頭蒼蠅似的不計成本盲目減碳，浪擲寶貴資源，結果是浪費天文數字，但竹籃打水一場空。更可怕者為減碳在全球及台灣都已形成龐大利益集團，甚至產生綠能騙徒與騙局，排擠真正有效之減碳手段。

2050年碳排不可能歸零原因十分複雜，IEA與台灣政府硬著頭皮拚湊的淨零路徑圖為何不可行也應詳細剖析。本書乃集結過去五年個人在「台灣能源」部落格及各大媒體由不同角度及層面詳細剖析此一議題的相關文章。此一議題極為複雜，本書開頭及在各章起始均有對全書及各章每篇文章之導讀，讀者可較易掌握重點。

減碳有如減肥，正確減肥手段是固定運動外適度節食，激進減肥方式是立即絕食。但採取如此激進手段，恐怕減肥尚未成功，生命已然消失。過激減碳與過激減肥一樣，只怕未達到抗暖目標，人類社會已經崩潰。西方國家鼓吹非洲減碳，有如鼓勵飢民節食，更是不仁之至！

如果2050年淨零排放果真是錯誤目標，人類應如何調整？本書將於讀者讀畢全書，深刻了解2050年淨零排放實不可行後，於本書結語進一步研討。

目　次

序 5

圖目錄 10
表目錄 11
彩圖目錄 11

導讀 13

輯一　無碳能源　17

第一章　學者誤導 18
1.1　李遠哲的神預言 18
1.2　淨零排放五支箭？請教中研院廖院長 20
1.3　「加州經驗」是台灣能源問題解方？請教工研院劉院長 22
1.4　能源政策考驗知識分子風骨 28
第二章　前瞻能源 31
2.1　地熱並非台灣瑰寶 31
2.2　畫虎類犬的台灣氫能 34
2.3　氫能與地熱是台灣能源救星？ 38
2.4　台電揭穿小英大騙局 41
第三章　虛幻期待 46
3.1　電力零成長？用電創新高！ 46
3.2　全民皆輸的暴衝減碳 48

3.3 比爾蓋茲電力建言過度樂觀 51
3.4 再生能源——真正專家怎麼說 54
3.5 推薦「綠能騙局」紀錄片 57

輯二　減碳政策 61

第四章　淨零無望 62
4.1 減碳路徑圖，硬著頭皮湊答案 62
4.2 誠實面對2050年淨零無解的事實 64
4.3 城市淨零？別搞笑了 66
第五章　規劃跳票 69
5.1 9千億元差得遠，兼論王美花淨零三箭 70
5.2 淨零排放？電力減碳就跳票 72
5.3 淨零排放路徑必跳票 75
5.4 工業總會白皮書能源建言補遺 80
5.5 中研院能源建議書可行嗎？ 82
5.6 台灣的無悔減碳政策 86
5.7 蔡政府能源政策指標全跳票 89
第六章　淨零入法 96
6.1 異想天開的溫減法修法 96
6.2 零碳入法，懸崖勒馬 98
6.3 橫柴入灶的淨零入法 101
第七章　國際情勢 104
7.1 氣候帝國主義 104
7.2 何不食肉糜的氣候峰會 108

7.3 由氣候峰會看大國博奕 *110*
7.4 恭賀拜登但其能源政策必將跳票 *112*
7.5 減碳？日本聰明，台灣傻 *116*

第八章　解讀*IEA*報告 *120*
8.1 碳排歸零——國王新衣 *120*
8.2 *2050*年淨零無望，解讀*IEA*報告*1/3*——傳統能源 *124*
8.3 *2050*年淨零無望，解讀*IEA*報告*2/3*——新興能源 *128*
8.4 *2050*年淨零無望，解讀*IEA*報告*3/3*——虛幻政策 *132*

第九章　務實目標 *136*
9.1 溫升以*3*度為目標，諾貝爾獎得主如是說 *136*
9.2 兼顧氣候與經濟的氣候工程 *143*

結語 *146*

附錄：好書推介 *151*
附錄*1*　《暖化尚無定論》推薦序 *152*
附錄*2*　《扭曲的氣候危機》推薦序 *154*

彩圖 *157*

作者簡介 *164*

圖目錄

圖1.1　廖院長淨零排放五支箭 21
圖1.2　加州（2018）與台灣（2025）太陽光電裝置容量對比 24
圖1.3　加州（2016）與台灣（2025）風電裝置容量對比 25
圖2.1　政府規劃之地熱裝置容量 33
圖2.2　尖峰用電與綠電裝置容量與能力對比 36
圖2.3　各種儲能方式效率比較 37
圖2.4　IEA預估地熱與核能發電裝置容量對比 40
圖2.5　2025年系統態樣與衝擊 43
圖3.1　台灣尖峰用電趨勢 47
圖3.2　綠能與儲能 52
圖3.3　能源轉型時程漫長 55
圖3.4　《人類的星球》影片中的幾大重點 58
圖5.1　臺灣淨零路徑規劃之階段里程碑 72
圖5.2　2050淨零排放規劃 75
圖5.3　2020年與2025年台灣發電量占比（單位：%） 78
圖5.4　國發會規劃2050年之發電量占比 84
圖5.5　中研院規劃2050年之發電量占比 84
圖6.1　2030年清潔科技成長 100
圖7.1　已開發與開發中國家用電 106
圖7.2　2019年美國用電來源 113
圖8.1　三個減碳目標在2030年之碳排目標與2015年全球碳排對比 122
圖9.1　IPCC AR6五種SSP碳排 138
圖9.2　不同情境之減碳成本（範圍±4兆美元） 139

圖9.3 不同情境之減碳成本（範圍±25兆美元） 140
圖9.4 不同溫升對經濟之影響 141
圖9.5 全球暖化有無共識？ 142

表目錄

表4.1 植樹碳匯 68
表5.1 2030年各部門階段性減碳目標 81

彩圖目錄

彩圖2.5 2025年系統態樣與衝擊 158
彩圖5.1 臺灣淨零路徑規劃之階段里程碑 159
彩圖5.2 2050淨零排放規劃 160
彩圖6.1 2030年清潔科技成長 161
彩圖7.1 已開發與開發中國家用電 162
彩圖9.1 IPCC AR6五種SSP碳排 163

導讀

本書分為兩輯，第一輯「無碳能源」共三章，解析無碳能源；第二輯「減碳政策」共六章，討論淨零政策。

輯一

第一章「學者誤導」

能源議題極為複雜，要兼有專業知識及實務經驗方能抓到重點。但自從全球暖化成為顯學後，極多學者跨界下指導棋，但未必正確，經常差之毫釐，失之千里。本章前三篇文章即指出前後任中研院院長及工研院院長的指導棋未見高明，第四篇佐以IEA報告及中國工程院院士忠告供參考。

第二章「前瞻能源」

太多人對所謂前瞻能源充滿憧憬，以為是解決全球暖化達到淨零排放的靈丹妙藥，在台灣尤以政府大力鼓吹的地熱及氫能為最。本章前三篇文章即破解此類迷思，第四篇文章解釋何為綠能滲透率及何以其對綠能開發有所限制。

第三章「虛幻期待」

對於能源的無知，造成許多虛幻期待，本章頭兩篇文章指出之電力零成長及暴衝減碳即為顯例，國外也有此一現象；第三篇文章指出比爾蓋茲對能源轉型過於樂觀；第四篇引述能源大師史密爾文章，解釋為何能源轉型需要一兩個世代的時間；第五篇推介之紀錄片全面檢討對能源轉型過度樂觀的迷思。

輯二

第四章「淨零無望」

2050年淨零碳排是不可能達成但無人敢明言的「國王新衣」。本章第一篇文章由台灣電力配比，第二篇由全球減碳歷史，第三篇由城市淨零目標，分別解釋為何2050年淨零排放不可能達成。

第五章「規劃跳票」

本章是本書重頭戲，在此提供詳細導讀。

本章第一篇解釋蔡總統及王部長淨零規劃都有問題。蔡總統在2021年宣布台灣要在2050年達成淨零碳排後，2022年3月六部會就提出「淨零策略總說明」，第二篇即詳細計算電力碳排，斷言該報告根本無法達成。國發會於2022年12月提出2030年階段性目標，本章第三篇解釋為何國發會四大部門減碳規劃各有問題。第四篇為個人在工總白皮書對政府的減碳建言。中央研究院也曾提出五百頁的淨零建議書，本章第五篇文章解釋報告中矛盾之處。第六篇建議台灣減碳的無悔政策。政府提出不可行的能源政策並非首次，第七篇回顧蔡總統第一任能源政策之九項硬指標全部跳票，民眾應引為警惕。

第六章「淨零入法」

本章的三篇文章由不同角度大聲疾呼萬不可將不可能達成的2050年淨零排放時程納入《氣候變遷因應法》，但政府仍一意孤行將其入法。台灣今後只好「不惜一切代價」減碳以求「合法」了。

第七章「國際情勢」

本章將視野擴大到國外。減碳是歐美先進國家大力推動，但斷送了開發中國家經濟發展及人民脫貧的希望。頭兩篇文章即討論此一不幸現實。第三及第四篇指出何以美國無法達成其減碳承諾。第五篇討論日本並未隨波逐流而採取務實策略，台灣應該效法。

第八章「解讀IEA報告」

本章詳細解說IEA的減碳報告。IEA於2020年及2023年分別出版了兩本報告討論2050年淨零排放的階段性目標。本章第一篇討論2020年報告。第二至第四篇分三篇針對「傳統能源」、「新興能源」及「虛幻政策」討論IEA 2023年報告，並明確指出依該報告，2030年階段性目標絕對無法達成。

第九章「務實目標」

本章為本書壓軸章節。2050年淨零無望並非什麼祕密。諾貝爾經濟獎得主諾爾豪斯教授在巴黎會議後早已斷言。本章第一篇文章引述其獲得諾獎之經濟模型，指出溫升3度方為較可能達到的目標。但許多科學家認為溫升3度恐對人類造成嚴重災難，本章第二篇文章介紹「氣候工程」或為人類不得不採取之平衡經濟與氣候的重要手段。

本書集中討論「無碳能源」與「淨零政策」，但全球採取如此激進手段的真正原因是懼怕氣候變遷與全球暖化。但氣候其實是科學議題，不幸已被政治嚴重「汙染」，喪失其原來面貌。本書附錄介紹作者推介國內出版社翻譯並為之寫推薦序、有關氣候科學及政策的兩本巨著，輔以本書，必然對此一人類必須嚴肅面對的挑戰有正確的認識。

輯一

無碳能源

第一章
學者誤導

◆

能源議題極為複雜，要兼有專業知識及實務經驗方能抓到重點。但自從全球暖化成為顯學後，極多學者跨界下指導棋，但未必正確，經常差之毫釐，失之千里。本章前三篇文章即指出前後任中研院院長及工研院院長的指導棋未見高明，第四篇佐以IEA報告及中國工程院院士忠告供參考。

1.1 李遠哲的神預言

前中央研究院院長李遠哲於2020年11月30日為萊豬掛保證，但個人還是頗有疑問。要驗證李遠哲發言是否可信也不難，只要檢查他過去發言紀錄即可。

現在正好可以驗收李遠哲五年前（2016）的一個預測是否正確。李遠哲一向大聲疾呼氣候變遷及全球暖化對人類將造成嚴重威脅。在這種背景下，李遠哲反對任何形式的火力發電不足為奇，但令人十分不解則是李遠哲也是反核健將。

李遠哲反火反核，只剩下唯一選擇：再生能源。李遠哲鼓吹再生能源不遺餘力，一再強調台灣尖峰用電在夏天，夏天正是太陽能大顯身手之時。李遠哲大力支持蔡政府強力推動太陽光電的政策，渾然不顧地狹人稠的台灣今年光電密度已達世界第一，2025年光電密度將為位居世界第二的德國4倍的荒謬事實。

為了替太陽光電背書，2016年李遠哲曾大膽預言五年後（2021年）每度電太陽光電成本將低於核電及煤電。當時本人曾勸李大師稍安勿躁，話不要說得太滿，五年不長，五年後大可驗證李遠哲的預測是否實現。

經濟部能源局每年年底都會公布次年各種再生能源躉購費率，2021年太陽光電費率已於12月初公布，每度費率依屋頂型與地面型及裝置容量有所不同，明年每度電費率由3.7元至5.6元不等。五年來核電及煤電每度成本則相對平穩，今年數字尚未公佈，但去年核電每度1.1元，煤電每度1.6元，兩者平均不到1.4元，太陽光電費率為其2.6到4倍。以同為無碳的核電相較，太陽能費率為其3到5倍。

什麼叫做五年後太陽光電會比核電及煤電便宜？2016年李遠哲作此預測時個人就知道其必將跳票，評論文章很客氣地說「很拚」。個人真正詫異者為李遠哲膽敢作此預測，還真以為自己是能源專家？真認為自己有資格為台灣能源政策下指導棋？其實李遠哲還曾鼓吹社區共用冰箱，引太平洋深水到台灣西部發展水冷式冷氣等令人匪夷所思的建議。

預測五年相對不難，但李遠哲都錯得如此離譜。不幸全國上下還深信李遠哲對百年後「氣候災難」的預言，並依而規劃能源政策。國人不應三思？

本文發表於2020年12月8日
中國時報：〈李遠哲的神預言〉

1.2 淨零排放五支箭？請教中研院廖院長

2022年8月22日，中研院廖院長應工商協進會邀請發表有關2050年淨零排放「科學解方」的演講。演講中廖院長提出了五個減碳技術：裂解天然氣（甲烷）製氫、增加太陽能效率、地熱能、黑潮發電及生質碳匯。這五項技術真的可以使台灣在2050年達到零碳排放嗎？

五項技術中廖院長最為看好並鼓吹者為裂解天然氣製氫。依廖院長高見，裂解天然氣製氫減碳效益強過直接以綠電取代火電，因為裂解天然氣製氫對產生電力有「複利」效果，個人感到這種技術好到難以置信（Too good to be true）。不過通常任何事好到匪夷所思的技術可能就有隱藏的問題。

廖院長提出的以裂解天然氣（甲烷）製氫其實公式極為簡單，如果減碳功能真的如此卓著，個人很難理解為何其他先進國家未大力堆廣此一技術？全球九成以上氫氣仍是以蒸汽甲烷重組製造的灰氫，及少量以綠電電解水產生的綠氫。何以近如國內工研院，遠如IEA都從未鼓吹以裂解天然氣

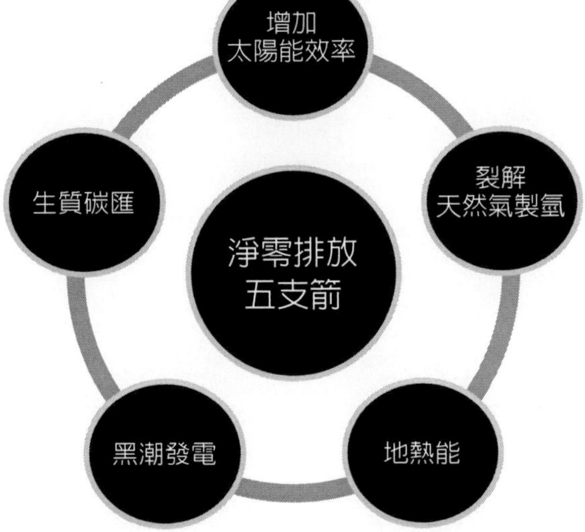

圖1.1　廖院長淨零排放五支箭

製氫？

任何新技術要商業化都要通過「成本」的檢驗，由科學公式可行到以工程製程落實，證明有成本競爭力是漫漫長路。即使此一技術在國外通過成本檢驗，個人也不認為在台灣可行。

該製程的原料為天然氣。台灣不產天然氣，要以液化天然氣方式由國外進口，價格為產氣國氣態天然氣數倍。台灣天然氣成本遠高於美澳等產氣國。所以即使裂解天然氣製氫在國外有競爭力，台灣成本不知會高幾倍，也完全不可行。

另外幾支箭也簡單討論：太陽能是依光電效應產生電，可見光頻率分布很廣，但能產生電能範圍有限，光電效率有其上限，未來增加有限。以地熱而言，台灣淺層地熱發電潛力有限，深層地熱成本又極為昂貴，不是台灣可以依賴的能源。中研院前李院長鼓吹黑潮發電也超過二十年，有任何進展嗎？聯合國政府間氣候變遷專門委員會（IPCC）報告及IEA也從不認為地熱及海洋能可作為人類大量減碳的科技。最重要的生質碳匯就是造林，但每年要造5倍台灣面積的森林才夠平衡台灣每年碳排，可行嗎？

2022年3月底國發會等六部會提出的台灣2050減碳路徑，規劃台灣2030年碳排要較2020年降三分之一，其中電力碳排也要降低三分之一。廖院長提出的五支箭中除生質碳匯（造林）外，都是針對電力減碳。請教廖院長：這四支箭可以為電力部門減多少碳？2030年距今不過幾年，吾人屆時大可驗證廖院長這四支箭的減碳功能。

2050年淨零碳排千難百難，國外許多知名學者都明確指出絕無可能。由全球及各國（包括台灣）2030年之碳排即可驗證孰是孰非。追求虛幻之目標，必然付出極大代價，對台灣造成長遠的傷害。中研院長豈可不慎。

本文發表於2022年9月2日
風傳媒：〈淨零排放五支箭？請教中研院廖院長〉

1.3　「加州經驗」是台灣能源問題解方？請教工研院劉院長

工業技術研究院是台灣最重要的工業研究機構，工研院長在社會上極受敬重，發言很有影響力。個人對工研院劉文雄院長於2019年6月接受記者訪問討論台灣電力問題的建言就極感興趣。[1]

劉院長論點集中在兩個面向：

1.加州再生能源發展成功，台灣應學習並加緊能源轉型。
2.台灣應聰明用電，降低夏季尖峰，缺電問題可迎刃而解。

本文針對此二論點就教於劉院長。

鼓吹再生能源

針對再生能源，劉院長說加州原規劃2020年再生能源達到33%，去年已提早達標達到34%。在此僅將加州條件與台灣作一比較。

依加州政府能源委員會資料，到2018年底，加州太陽光電裝置容量1056萬瓩，年發電245億度。依此計算，加州太陽能每年可發電2325小時。太陽能在台灣南部每年可發電1250小時，北部950小時，台灣太陽能發電時數只有加州一半。太陽能面板價格全球一樣，台灣每年發電時間只有加州一半，表示太陽能發電成本為加州一倍。

為何台灣緯度較加州低了10度，較接近赤道，但太陽能發電時數只有加州一半？理由也很簡單，加州基本上是個沙漠，很少下雨。台灣是個溫暖潮溼的島嶼，降雨日數極多，以今年5、6月梅雨季而言，太陽光電發電度數經常掛零。以日照時數而言，台灣是一個不合適發展太陽光電的地方。

---

[1] 詳見〈星期專訪：工研院院長劉文雄〉，自由時報，網址：https://ec.ltn.com.tw/article/paper/1294895。

加州面積42萬平方公里，約為台灣12倍，加州也是全美太陽光電裝置容量最多的一州，太陽光電總裝置容量1056萬瓩。蔡政府目標為在2025年裝置2000萬瓩，為加州一倍，單位面積裝置容量密度為加州23倍，真是令人欽佩的「超英趕美」能源轉型大躍進啊。

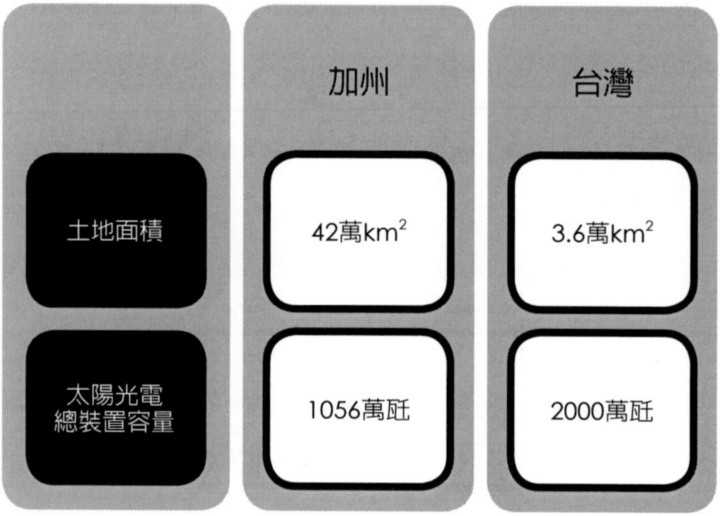

圖1.2　加州（2018）與台灣（2025）太陽光電裝置容量對比

依加州政能源委員會資料，到2016年底，加州風力發電裝置容量564萬瓩，蔡政府目標在2025年風力發電裝置690萬瓩。但要特別注意的是加州風力發電全部是陸域風電，離岸風電裝置容量為「零」。蔡政府2025年離岸風電裝置容量570萬瓩，也超過加州風力發電裝置容量。問題是離岸風電每度成本為陸域風電2至3倍，台灣人比加州人有錢嗎？台灣風力發電擠到海上的原因也只有一個：台灣土地太小，人口太多，在陸地上根本找不到加裝風機的地點，又非要以無碳的綠電取代廢核後無碳電力缺口，只好趕鴨子上架，要全民花以高於核電5倍的電費購買離岸風電。

	加州	台灣
風力發電總裝置容量	564萬瓩	690萬瓩
陸域風電裝置容量	564萬瓩	120萬瓩
離岸風電裝置容量	0	570萬瓩

圖1.3　加州（2016）與台灣（2025）風電裝置容量對比

加州大力發展再生能源的結果是每度電平均電費15.6美分（台幣4.8元），家庭電費19.3美分（台幣6元），比台灣高了一倍。美國有三十州每度電費低於10美分，這些州無一例外，發電主力就是核能與火力。發電成本與加州相當的州，無一例外都是大力發展再生能源的州，綠電占比最高的是夏威夷，電費也是全美最高，每度平均29美分（台幣9元），不過還是低於蔡政府模仿對象的德國，每度超過10元。

加州再生能源占比可達33%，台灣可能嗎？加州電網是美西大電網的一部分，在不穩定的綠電太少或太多時，因電網與其他州相連接，可互通有無。獨立電網的台灣有這條件嗎？再生能源容量因數太低（發電時數低），花了大錢，裝了一大堆，供電能力極為有限，台灣不用說33%，20%都很拚。加州經驗並不能移植於台灣。

解決缺電問題

對如何解決台灣缺電問題，劉院長說：「只要聰明用電，缺電就可迎刃而解。」又說「全年8760小時，只有200小時用電負載較高，占比不到3%」、「不應優先蓋新電廠，而是降低夏季尖峰」。

個人對劉院長的「聰明用電」很感興趣，但劉院長說了半天是「冷氣不外洩」、「隨手關燈」、「電器不用時拔插頭」。這些不是小學老師經常教小朋友的省電方法嗎？好像也未見高明。

劉院長說「全年8760小時，只有200小時用電負載較高，占比不到3%」，個人不知何意？台灣很特殊嗎？全球各國尖峰用電時間都不過幾百小時，但全球電力公司不都是為了應付這幾百小時的尖峰用電而加蓋電廠保障供電無虞？

當然劉院長提出的解方是「不應優先蓋新電廠，而是降低夏季尖峰」，這種說法似曾相識，好像也不是劉院長獨得之祕。民進黨《新能源政策》不也信誓旦旦地要以「電力零成長」來解決廢核後的缺電問題嗎？結果如何？台灣尖峰用電由蔡政府上台的2016年之3586萬瓩在2018年增加為3706萬瓩，兩年增加了3.3%共120萬瓩（約核四廠一部機裝置容量）。經濟部目前預估未來每年電力成長率為1.8%，好像也違背了《新能源政策》目標。

當然「降低夏季尖峰」說起來簡單，執行上千難萬難，蔡政府過去兩年節電還不夠努力嗎？結果如何？現在才不得不向現實低頭，建議劉院長不要犯同樣錯誤。

其實回頭也可與加州比較，去年加州電力委員會預估由目前到2030年，加州每年尖峰電力成長落在270MW及620MW之間，每年用電度數成長落在2.8億度及4.8億度之間。全美推動環保最力的加州，電力仍然成長。其實加州電力成長本來應該更高，但因一心推動綠電，導致電價高漲，工業界紛紛撤出加州。Toyota（豐田汽車）由加州搬到德州就是最好的例子。台灣要學加州請台積電等半導體業走人嗎？

當然劉院長最後的法寶還是「電網管理」，其實這也不是什麼新招。《新能源政策》中老早就強調電網管理，不惜花1000億元全面加裝「智慧電錶」。但如本人在〈蔡政府能源政策指標再檢視〉一文指出：花了1000億元，結果節電4億度，還不到全部用電0.15%，又是浪擲民脂民膏的例子。

目前台灣能源政策已被民粹的能源觀念害慘了，奉勸劉院長宜提出務實可行的建議，方能造福台灣。

本文發表於2019年7月1日
奔騰思潮[2]：〈「加州經驗」與「聰明用電」
是台灣能源問題解方嗎？
——向工研院劉院長討教電力問題〉

---

2 發布於奔騰思潮之文章，亦同步發布於中國時報電子報、風傳媒及Yahoo奇摩新聞。

1.4 能源政策考驗知識分子風骨

自從蔡總統宣布2050年淨零碳排目標要納入《氣候變遷因應法》後，全國各界是一片贊同頌揚之聲。一般民眾與環保團體也就罷了，個人驚懼者為台灣學術界領袖也同聲附和。

2022年，中央研究院與工業技術研究院兩院院長都大力鼓吹於2050年達到淨零碳排。中研院為台灣最高學術機構，工研院為台灣國家實驗室，兩院在台灣都極受敬重，對台灣社會都有巨大影響力。但拜讀兩位院長意見後，個人不敢苟同，並為兩位院長深感不值。

中研院廖院長在演講時提出五個減碳技術：裂解天然氣（甲烷）製氫、增加太陽能效率、地熱能、黑潮發電及生質碳匯。

工研院劉院長受媒體專訪時表示：加州再生能源發展成功，台灣應學習並加緊能源轉型；台灣應聰明用電，降低夏季尖峰，缺電問題可迎刃而解。

針對兩位院長的高見，個人在〈淨零排放五支箭，請教中研院廖院長〉與〈加州經驗是台灣能源問題解方嗎？〉有全面性的討論，在此不擬重複。本人文章重點在於指出兩位院長提出的技術與方法都遠遠不足以使台灣在2050年達到淨零碳排。

不要說淨零排放，即使降低碳排都極為困難。自1997年《京都議定書》簽定以來，全球各國都信誓旦旦減碳，但二十五年後的今日，全球碳排為1997年2倍。減碳都做不到，還奢談什麼淨零排放？

IEA在2021年出版了一本報告《2050淨零排放——全球

能源界之減碳途徑》。該報告主要討論十年後2030年階段性任務。2050年距今不過三十年，真要達到淨零排放，未來十年極為重要，如果2030年目標無法達成，2050年就根本免談。

目前全球仍有八億人無電可用，不能說為了減碳不管這八億人，所以目標為2030年這八億人都用上了電，同時預估2030年全球GDP增長40%，但全球能源使用必須降低7%。IEA並不是說這目標可以達成，而是說如果要達到2050年淨零排放目標，這是2030年必須達成的階段性目標。

IEA報告並坦言，2030年之後的減碳技術「目前尚未成熟」。九月分《科學人》雜誌有篇文章〈氣候科學家減碳一廂情願〉就痛批妄圖依賴「目前尚未成熟」的減碳技術（如碳捕捉與封存等）達到淨零排放根本就是不負責任。IEA報告說穿了就是暗示2050年淨零目標絕無可能達成。

美國學術界對拜登政府2050年淨零碳排目標有許多極為嚴厲的批評。指標性人物為曾任歐巴馬政府能源部副部長及加州理工學院副校長的名科學家康寧教授（Steven Elliot Koonin, 1951-）與諾貝爾經濟獎得主，有氣候經濟學之父之稱的耶魯大學諾德豪斯教授（William Nordhaus, 1941-）。兩位學者分別依科學及經濟數據嚴正指出2050年淨零碳排是癡心妄想。美國質疑此一目標的學者極多，上述兩位較具代表性。

個人最為詫異者為中國學者也對中國政府2060年淨零碳排目標提出質疑。上月兩岸學者在線上召開「海峽兩岸氣候變遷與能源永續論壇」。陸方某位中國工程院院士對淨零碳排提出五點嚴厲警告：

1. 警惕非系統減碳操作引發的系統性破壞。

2. 警惕不切實際的能源轉型可能帶來的能源危機。
3. 警惕急功冒進減碳操作引發的經濟剛性破壞。
4. 警惕無視雙碳科學性的攤派式減碳。
5. 警惕西方利用不對稱的雙碳問題遏制中國發展。

這五項建言真是擲地有聲，真正了解能源的專家才能提出如此一針見血的質疑。個人對美國學者質疑政府政策並不詫異；個人詫異者為民主開放程度遠遜於台灣的中國，仍有具風骨的知識分子敢說真話，向政府提出諍言。

許多人為2050年的支票背書是誤以為三十年後空頭支票才會被揭穿，時間還長得很，並非如此。不論IEA或台灣政府提出的淨零排放路徑都假設2020年碳排達峰值，之後每十年減碳三分之一。但2030年碳排極有可能不降反升，今天為2050年淨零排放背書人士屆時還好意思厚著臉皮說2030後，每十年減碳二分之一以達到2050年淨零排放？到時候全球與台灣人民不都會看穿所謂2050年淨零排放根本不可能達成？現在信誓旦旦為此空頭支票背書學者將何以自處？不要等三十年，少則五年多則八年，牛皮就要吹破。這正是個人為兩位院長感到不值之處。

個人並不是說暖化不應正視，但一廂情願的粗暴減碳手段絕對不是減碳抗暖正確有效的做法。個人期待國內能源界人士堅持專業知識，維持知識分子風骨，而非一面倒軟骨頭地替當權者背書。女王是否有穿新衣，很快就會被揭穿。何苦賠上學者清譽？

本文發表於2022年9月12日奔騰思潮：
〈能源政策考驗知識份子風骨〉

第二章
前瞻能源

◆

太多人對所謂前瞻能源充滿憧憬，以為是解決全球暖化達到淨零排放的靈丹妙藥，在台灣尤以政府大力鼓吹的地熱及氫能為最。本章前三篇文章即破解此類迷思，第四篇文章解釋何為綠能滲透率及何以其對綠能開發有所限制。

2.1 地熱並非台灣瑰寶

2021年8月9日，報上有篇文章〈以核養綠，善用台灣地熱瑰寶〉，個人拜讀後深感作者誤會了。以核養綠沒錯，但地熱並非什麼台灣瑰寶。

該文說：我們別忘了身處板塊交界界的台灣，腳底踏著的正是舉世稱羨的地熱瑰寶！

又說：據悉，台灣最穩定的綠能就是地熱，約有7.15GW發電裝置容量，接近核一至核四廠裝置總容量（約7.8GW）；地熱發電效率達90%以上，適合作為基載電力，沒道理捨本逐末，暴殄天賜予我們落實淨零的珍貴資源。並建議政府：訂定地熱專法，正視地熱取代相當比例的80%石化燃料的可行性。

目前全球地熱發電總裝置容量約15GW，美國裝置容量全球第一，約3.7GW。台灣面積約為全球土地面積萬分之二，台灣地熱發電潛能占目前全球裝置容量一半？是土地面積為台灣300倍，裝置容量為世界第一的美國2倍？聽起來是否不太對勁？

問題出在哪裡？所謂地熱潛能和真正值得開發為地熱發電規模完全是兩回事。地熱和陽光一樣，潛力無窮，只要開發一小部分就可供應全人類能源所需。但和陽光一樣，地熱要工程上可行、經濟上可行才值得開發，並不是有所謂「潛能」就可開發。

媒體報導所謂台灣地熱潛能有7.15GW後，經濟部官員也曾澄清，暗示該報導頗為「膨風」。但很不幸，澄清新聞的篇幅極小，與原先大張旗鼓的報導不成比例。

目前全球地熱發電裝置容量最大的五個國家為：美國、菲律賓、義大利、日本、紐西蘭，全都是火山活動頻繁國家。台灣並無活火山，台灣地熱資源只宜洗溫泉，要用來發電很拚，更不用說提供7GW電力了。

該文作者也錯怪蔡政府了。蔡政府能源團體充斥外行人，對推動地熱發電等再生能源不遺餘力。2017年4月國內首座民營地熱電廠環評過關負責籌劃的蘭陽地熱資源公司原本目標在2021年完成十口井，共10萬瓩（100MW, 0.1GW），完工後每年可供電8億度，相當於核二廠一部機十分之一發電量，不到台灣去年用電量2800億度的千分之三，與作者期望取代為台灣提供八成電力的火力發電相距千里。即使如此小的裝置容量也已跳票。

蔡政府規劃地熱裝置容量在2020年達15萬瓩，在2025年達20萬瓩，在2030年更要超過火山活動頻繁，地熱資源極為豐富日本的一倍而達100萬瓩（1GW），是一個必將跳票的大餅。

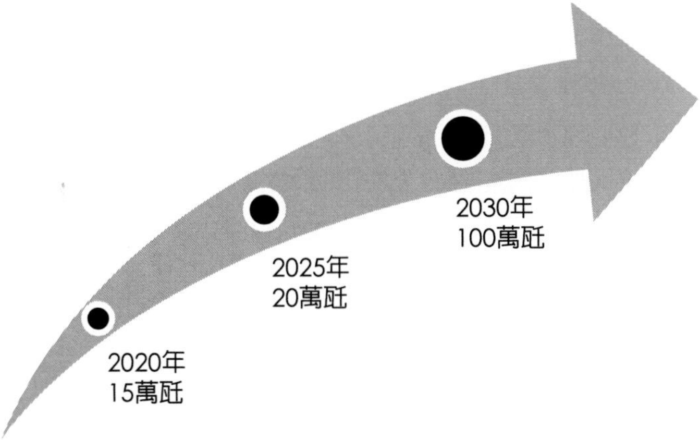

圖2.1　政府規劃之地熱裝置容量

許多人對地熱發電等再生能源都有錯誤的期望，以為再生能源可以取代核能、火力，事實上並非如此。但鼓吹此等錯誤期望使得發展能源正途的核能、火力更為艱辛。任何能源建言均應基於專業基礎。

本文發表於2021年8月10日
中國時報：〈地熱並非台灣瑰寶〉

2.2 畫虎類犬的台灣氫能

氫能在今日台灣是當紅炸子雞，蔡政府投入極大資源發展，媒體上新聞不斷。出風頭的程度絕對不輸離岸風電與太陽光電，給大眾的印象為氫能是台灣減碳抗暖大救星。

但細察政府對氫能的規劃，與其他國家相較，台灣又走偏了路，台灣人民又要為錯誤政策付出昂貴代價。台灣走錯路的原因也其來有自。

全球人為碳排最大來源不脫電力、交通及工業三大區塊，畜牧與伐林占比有限。全球減碳主要目標當然就集中於上述三大區塊。

以電力而言，減碳手段極多，如核電，水電、光電、風電等技術都已很成熟。另外如鋰電池、碳捕捉與封存等，十年後或可降低成本大量商業化。減碳手段洋洋灑灑，氫能扮演的角色其實相當有限。

以交通而言，目前最重要的手段就是運具電氣化。但電氣化只適合小型車輛，長途貨運不適合使用鋰電池。鋰電池也不合適使用於空運及海運，各國都在研究以氫能或其化合物使用於這些交通工具以減碳。因此氫氣及其化合物在交通減碳方面將扮演一定角色。

工業減碳十分困難，因有許多工業製程本身的化學反應就有碳排，所以減碳就需要改變製程。改採以氫作為原料，沒有碳排的製程就是工業減碳的重要方向。氫氣將在工業減碳扮演極重要的角色。

以全球而言，氫能之主要應用是在工業減碳及交通減碳兩大區塊，各國規劃利用氫氣或其化合物作為發電減碳占比都極小。

但台灣反其道而行，依國發會規劃，2050年台灣氫氣使用量將高達380萬噸。2050年氫能發電占比高達9至12%，這就是個人所說台灣在氫能利用上又走偏了路。何以致此？

這又要回溯到廢核展綠再加上風電國產化的一連串政策錯誤。

蔡政府力推綠電是因為有廢核的時程壓力。核電六部機在蔡總統當政的2018年至2025年次第停機。核電為無碳電力，所以蔡政府急著發展同樣無碳的太陽能及離岸風電，以補上廢核後的無碳電力缺口。

這還不打緊。蔡總統心心念念要在台灣發展大型新產業，以便名留青史。在推動離岸風電時，蔡政府一魚兩吃，想趁機發展離岸風電產業，為台灣創造一個新的護國神山。

蔡政府規劃在2025年核電全部除役時，完成20GW的太陽能及5.5GW的離岸風電加上1.2GW的陸域風電取代核電。但2018年離岸風電招標時，分成許多標案並由七家不同開發商得標，各家採用的風機並不相同，所以表面上看來5.5GW的裝置容量不小，但由不同廠商分食後，各類型風機裝置容量都不夠大，不足以回收龐大的國產化初始投資，本土廠商對投入國產化興趣缺缺。

蔡政府為鼓勵本土廠商投入離岸風電產業，只好答應將餅做大，宣布將在2026年到2035年的十年間，每年平均增加1.5GW的離岸風電，十年共增加15GW，2035年時離岸風電總裝置容量將達20.5GW。但勿忘蔡政府也同樣鼓勵太陽光電，宣布在2026年到2035年的十年間，每年平均增加2GW的太陽光電，2035年時太陽光電總裝置容量將達40GW。離岸風電、陸域風電加上太陽光電，2035年不穩定的綠電總裝置容量將高達62GW，相當於台灣目前電力總裝置容量。

今年（2023年）台灣午後平均尖峰用電，夏天約39GW，冬天約28GW。依政府預估尖峰用電年增率2%計算，2035年平均尖峰用電，夏天約50GW，冬天約36GW，都遠低於上述之綠電裝置容量62GW。當然台灣不可能時時刻刻陽光普照，風力強勁，保守以60%可用率計算，2035年午後綠電平均可提供37GW電力。

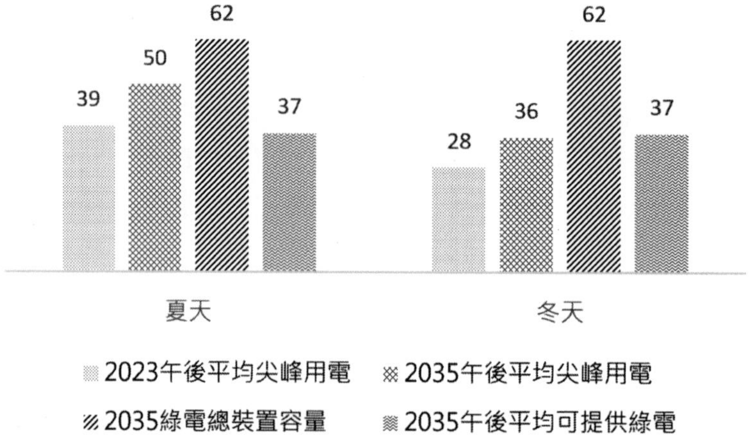

圖2.2　尖峰用電與綠電裝置容量與能力對比

綠電滲透率為不穩定綠電占全部供電比率，依以上數據，2035年夏天及冬天之綠電滲透率將高達75%及100%。今年春節因全台用電降低，綠電滲透率接近30%，台電就呼籲民眾出門要拔插頭，以免電器因電壓不穩受損。獨立電網的台灣怎麼可能容納75%及100%的綠電滲透率？必將發生大規模棄電以維持電網穩定。

此時氫能就派上用場了。蔡政府的如易算盤即為在綠電滲透率過高時，以電網無法消受，本將放棄不用的綠電改用於電解水製氫。等太陽下山，綠電供電減少時，再以氫氣經燃料電池發電，補上不足的電力。這一切規劃都太完美了，但為何世界其他國家沒有採用此一妙計儲存不穩定的綠電？為何其他國家規劃氫電占比都遠低於台灣？

成本，能源規劃不能不考慮成本。儲能方式有許多種，每種效率不同，以鋰電池儲電10度，可取回9度電。以抽蓄電廠儲電，考慮蒸發等損失，可取回8度電。以電解水方式製造氫氣，投入10度電，再以燃料電池發電，取回不到5度電，效率極差。若以每度4元的綠電電解水製氫，表示以氫氣儲能再發的電力，單單燃料成本每度就超過8元，還要加上燃料電池成本，電價將為天價。與其他國家相較，台灣發展綠能條件極差，綠電成本為其他國家一倍，為何非要蠻幹？非要大力推動其他國家並不看好的氫能發電？與IEA建

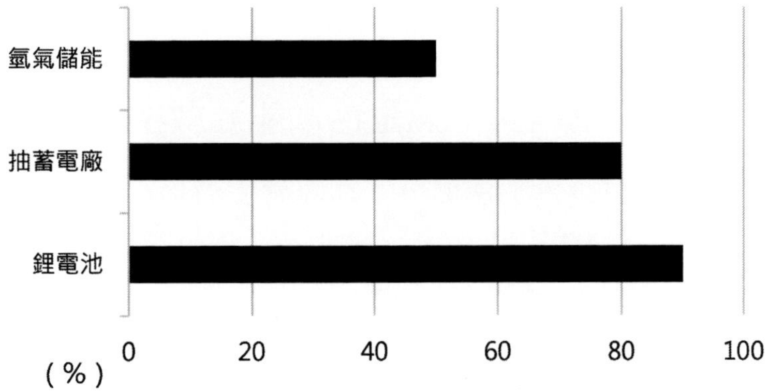

圖2.3　各種儲能方式效率比較

議綠能昂貴國家應進口氫氣以利交通工業減碳之建議背道而馳。

國發會規劃台灣有極高的氫能發電，原因之一當然是因廢核導致低碳電力配比選擇受限。但另外一重要原因恐為強推離岸風電國產化，大量設置離岸風電，使得不穩定的綠電滲透率過高。異想天開以極昂貴的電解水製氫儲能，本末倒置，終於導致規劃過多的氫能發電

廢核，展綠，風電國產化，電解水製氫，氫能發電占比過高完全是錯誤政策所造成。以上發展一環扣一環，真是一步錯，步步錯。為什麼橘逾淮為枳，許多事情到了台灣就變了樣？氫能尤為畫虎類犬。

本文發表於2023年9月6日

奔騰思潮：〈畫虎類犬的台灣氫能〉

2.3　氫能與地熱是台灣能源救星？

減碳抗暖成為全球顯學，蔡政府大力推動「前瞻能源」，各界人士也跟風，一股腦的吹棒。近年看到一些報導對氫能與地熱都有極嚴重的誤導。

有篇文章說：阿聯酋拚氫能！一天生產的氫氣足以提供台灣三個月用電。仔細拜讀，原來是一場大誤會。

該文指出阿聯酋全力發展使用太陽光電以電解水製造綠氫，規劃在2031年每年生產100萬噸綠氫，2050年生產850萬

噸的綠氫。一噸氫氣可發電9300度，對減碳功效宏大。

文中有一段強調，阿聯酋規劃在2026年每天生產600噸綠氫，可產生558億度電，約台灣三個月總用電量。這句話就是該報導標題之出處。依該文每噸氫可發電9300度計算，600噸氫可發電558萬度，該文說可發電558億度，錯了10000倍。2022年台灣用電2795億度，平均每日用電7.6億度。558萬度可提供台灣十分鐘用電，如何提供台灣三個月用電？

進一步討論為何以綠氫發電絕非正途。該文報導每噸氫氣可發電9300度。但以電解水製造1公斤氫氣需要40度電，製造1噸綠氫需要使用40000度綠電。阿聯酋地處沙漠，主要是使用太陽光電電解水製造綠氫，但太陽能產生的本來就是無碳電力，何不直接使用，為何要繞個大彎，以效率不到25%的綠氫發電？IEA預計2050年全球用電約有1%來自氫能，蔡政府規劃氫電占比高達9%至12%就大有問題。

另一篇文章對地熱大力吹棒。該文指出：相對光電、風電這類「看天吃飯」的間歇性綠能，地熱發電可提供穩定的基載綠電。

文章也進一步引用「專家」推估：藏在台灣地底下的地熱發電潛力，至少可達40GW（十億瓦），約等於現在台灣傳統電廠總裝置容量，代表台灣只要將地熱潛能完全發掘出來，全台其他電廠都關掉，光靠地熱也足以提供台灣目前全部電力需求。

IEA在2023年9月發布了最新版的2050年淨零排放報告。報告指出2022年全球地熱發電裝置容量15GW，發電占比0.35%。預計2050年全球裝置容量129GW，發電占比1.1%。該雜誌說台灣地熱有40GW潛力，難道全球地熱發電30%都蓋在地熱資源相對貧乏的台灣？牛是否吹得太大了？

IEA報告也指出2022年全球核能發電裝置容量417GW，發電占比9.3%。預計2050年裝置容量916GW，發電占比7.8%。顯然核電一項之減碳功能就強過地熱、海洋能及氫

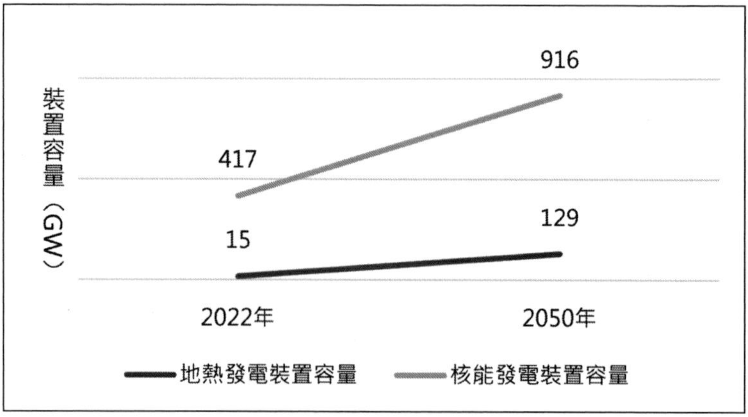

圖2.4　IEA預估地熱與核能發電裝置容量對比

能三者的減碳功能。賴清德在選前記者會公布的能源政策一方面廢核一方面又加碼大力發展「前瞻能源」是否捨本逐末？

能源是極為複雜的專業知識，可嘆不少社會人對能源一知半解，瞎子摸象，不但自身迷信，還進一步鼓吹各類減碳功效有限的「前瞻能源」誤導民眾，對國家社會造成極大傷害。對能源議題的建言能不慎乎？

本文發表於2023年11月23日

風傳媒：〈氫能與地熱是台灣能源救星？〉

2.4 台電揭穿小英大騙局

蔡政府2025年能源配比目標中綠電占比20%，要增加400億度風電及太陽光電來取代現有三座核電廠每年400億度的無碳電力。做得到嗎？

許多人認為20%沒什麼了不起。沒錯，以傳統可調度的核電及火電而言，每年發電占20%還真沒什麼了不起。假設機組當年未排大修，每年發電20%（相當每天發電20%，發電4.8小時），只要機組裝置容量夠，燃料也不中斷，每日發電4.8小時有何難哉？如果大修時間占10%，則在沒有大修的日子每天發電5.2小時也可達成任務。

但看天吃飯的綠電就沒這麼簡單了，以太陽能為例，晚上無法發電，陰雨天也無法發電，在台灣每天發電時數平均只有3小時，低於上述4.8小時。所以即使台灣每寸土地都鋪滿太陽光電板，也無法提供台灣20%用電度數，可嘆許多人大力鼓吹綠能的環保人士根本不懂。

在太陽能條件最好的南部，太陽能每年可發電1250小時，離岸風電每年可發電3600小時，兩者配合，每年是否可以發400億度電取代核電？

這又牽涉到另外一個問題：在獨立電網，任一時段，不穩定的綠電（風電加太陽能）最高占比（penetration，滲透率）多少？擁護綠電的環保人士常以丹麥及德國為例，指出這兩國都有某些時段綠能占比100%的例子，實情是這兩國電網都與週邊許多鄰國之電網相連，本身綠電不足時，可由鄰國輸入電力，本身綠電太多時，又可將多餘綠電貼錢輸往鄰國，當然可以大量裝置綠電並在某些時段綠電100%供電。但獨立電網不穩定綠電最高占比多少才能確保供電穩定安全呢？這是台電一直避答的問題，但在2019年11月底有了答案。

上週某研討會，台電輸供電事業部在討論智慧電網的演講中有張投影片（圖2.5）：

這張投影片的座標很重要，左邊是台電系統電力負載，由20GW到36GW。右邊是太陽能發電量，由0GW到16GW。橫座標是以5分鐘為單位的時間，將橫座標數字乘5再除60即可換算為幾點幾分。由該圖可看出冬季日間最高負載在近中午時之32GW，晚間最高負載為傍晚時分之34GW。

該圖右方之情境說明就是重點了，個人是第一次看到台電在公開場合承認再生能源在電網最高占比（滲透率）約40至50%。本文只討論占比，情境中之其他討論及衝擊以後再討論。

再生能源占比有兩個限制，一個是所謂鴨子曲線限制，就是下午1點半左右陽光最強到5點太陽下山，太陽能由發電高峰降至零之缺口，要啟動傳統機組填補。但傳統機組最大啟動能力為每小時2.5GW，圖中顯示傳統機組要在不到5小時由22GW升為34GW，要增加12GW的供電能力，再扣除冬季傍晚負載較日間負載高2GW，系統最多能接受10GW之太陽能，這與圖中太陽能最高平均8至9GW約略符合。

但吾人更有興趣的是不穩定再生能源的總占比，情境一指出40至50%。據個人了解國外獨立電網瞬間不穩定電源占比有時高達50%，但電網中不穩定電源占比如此之高極為危險。因為風力與太陽難以預測，供電不穩會導致電力頻率不穩，獨立電網本身是否有足夠調頻能力之機組及儲能與需量反應等輔助服務能力即成為鴨子曲線外之另一占比（滲透

一、2025年系統態樣與衝擊

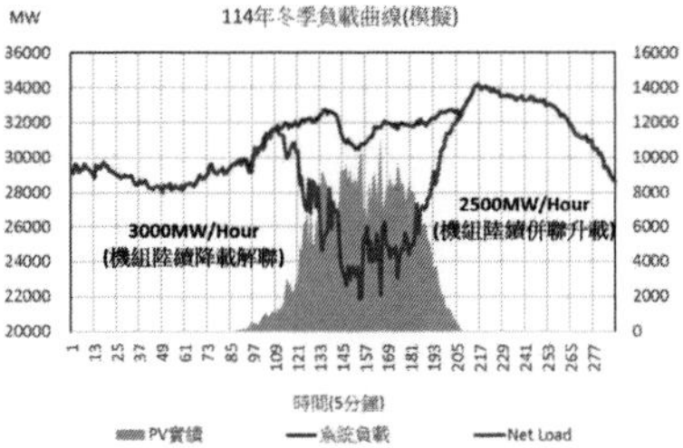

●情境

1. 再生能源（PV）滲透率約40%~50%，但無法完全滿足冬季尖峰負載需求。
2. 白天時段傳統機組出力大幅降低，部分機組甚至解聯待機，導致系統慣量（inertia）不足。
3. 抽蓄機組運轉調整至為白天時段抽水，其他時段發電，但儲能容量可能仍不足。
4. 複循環機組解併聯頻繁，易造成運轉維護問題。

●衝擊

1. 傳統機組發電容量減少，造成輔助服務取得困難。
2. 系統慣量不足，發生偶發（跳機）事故時易造成系統穩定度問題。
3. 主動式無效電力來源不足，發生接地故障時，可能導致系統電壓不穩定。
4. 下午時段負載上升速度快，升載不及或遇跳機事故，易導致低頻電驛動作卸載。

圖2.5　2025年系統態樣與衝擊

資料來源：台電輸供電事業部「智慧電網演講」簡報

（彩圖詳見頁158）

率）限制。個人認為限制不穩定再生能源上限為40%是較為穩健的做法。

依上圖冬季白天最高負載32GW，40%不到13GW，扣除太陽能9GW，系統最多能承受4GW的風電。這就有矛盾了，依目前蔡政府規劃2025年太陽能裝置容量20GW，風力發電（陸域加離岸）約7GW。但依上述台電系統接受能力，完全消受不起，是否表示如果裝置了如此大量的再生能源，大規模的棄風及棄光將無法避免？

個人曾寫過一篇〈重大內幕消息：台電評估棄綠電30%〉，引述蔡政府重要能源官員曾披露台電預計將棄30%綠電，現在看來這是很符合實際的估算。

問題來了，蔡政府原先規劃在2025年設置20GW太陽光電及7GW風電取代400億度核電時，完全沒有想到台電電網根本無法消受如此大量的不穩定再生能源，以大量裝置再生能源取代核電的原始目的完全破滅。既然再生能源連現有核電都無法取代，表示2015年到2025年的電力成長將完全由火電提供，碳排必將大幅增加，還奢言什麼減碳及《巴黎協定》的承諾？蔡政府能源政策完全破產。

大量棄風棄電後果極為嚴重。以貸款銀行而言，再生能源融資都是所謂「無追索權專案融資」，未來還款完全依靠業者售電收入。目前銀行融資考慮了未來將會棄電30%嗎？最大的受害者其實就是貸款銀行，現在還傻傻的引用什麼赤道原則，一方面融資太陽能，一方面融資離岸風電，屆時兩頭錢都還不出，吃這個也癢，吃那個也癢，才叫欲哭無淚。

其實台電在2025年連目前規劃的27GW太陽能及風能都消受不起又引發另一個大騙局。

蔡政府花了超過國際行情一倍的電費給外國開發商，二十年多花了1兆元購電的唯一理由就是為了發展離岸風電產業。但很不幸，國內廠商意態闌珊，主要原因是因為看不到未來市場。要建立任何產業都要花鉅資投資生產設備，如果看不到未來市場，廠商當然對投資極為遲疑。去年離岸風電招標共5.5GW，但其中2GW是競標，不負責國產化任務。許多廠商認為3.5GW規模太小，不值得投資發展風電產業。經濟部急了，就開了一張2026至2030每年增加1.5GW離岸風電的支票，廠商還是拿翹，反應並不熱烈。蔡政府又加碼，承諾在2031至2035每年再加1.5GW離岸風電，電源開發是在菜市場喊價嗎？

台電規劃電源開發是每年滾動式檢討，預估未來電力需求成長以規劃長期電源開發方案，有時因原先新建太多機組導致備用容量過多，就減緩建廠腳步，2011至2015年間年沒有新機組商轉即為一例。蔡總統今天一口氣承諾2026至2035加建15GW離岸風電是完全不懂也不尊重專業的做法。

但吾人靜下心好好檢討，如果2025年目前規劃的風電及光電都有30％無法併網，還奢言什麼加建15GW離岸風電，建成後擺著不發電當觀光地標嗎？

台電披露之2025年綠電占比上限完全揭穿了小英總統的能源大騙局。

本文發表於2019年12月4日

風傳媒：〈台電揭穿小英大騙局〉

第三章
虛幻期待

◆

對於能源的無知，造成許多虛幻期待，本章頭兩篇文章指出之電力零成長及暴衝減碳即為顯例，國外也有此一現象；第三篇文章指出比爾蓋茲對能源轉型過於樂觀；第四篇引述能源大師史密爾文章，解釋為何能源轉型需要一兩個世代的時間；第五篇推介之紀錄片全面檢討對能源轉型過度樂觀的迷思。

3.1 電力零成長？用電創新高！

2020年6月底，台灣用電創新高，尖峰用電高達3802萬瓩，較前一年尖峰用電3707萬瓩增加了95萬瓩，正好等於核三廠一部機裝置容量，較蔡總統初上任的2016年尖峰用電3586萬瓩增加216萬瓩，超過台電最大機組核二廠兩部機及核三廠兩部機的裝置容量，與台中四部機裝置容量相當。

檢視自2015至2020年用電度數也可發現2019年台電系

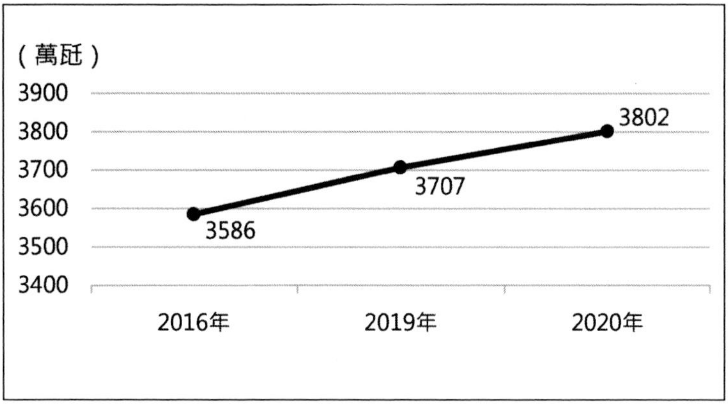

圖3.1 台灣尖峰用電趨勢

統用電2325億度較2015年用電度數2191億度也增加了134億度，接近核二廠及核三廠的年發電量。

2016年大選前，民進黨智庫新境界文教基金會之能源政策小組曾發布《新能源政策》白皮書，這是小英政府能源政策的最高指導原則。該白皮書開宗名義即規劃「節能」，目標是「電力零成長」。以目前尖峰用電及年用電度數可看出所謂「電力零成長」完全破功。 該白皮書洋洋灑灑規劃工業部門節能、服務部門節能、住宅部門節能與智慧電網及電錶節能，大言不慚通過這些手段，可達到2025年節電500億度「電力零成長」的目標。

以工業部門節電而言，該白皮書規劃更新使用更有效率的馬達可節電100億度，較能源局估計高了百倍。以服務部門而言，白皮書規劃節電15%，但依全國能源會議資料，我國服務部門用電效率較國際平均高了兩成，節能空間很小。以住宅部門而言，白皮書規劃更換更有效率家電可節電20%，但我國家電耗能規定國際最嚴，並無太大節電空間。

白皮書也預估智慧電網及電錶每年可節電100億度，較國際經驗高了5倍。

民進黨電力零成長的各種手段是完全沒有實務經驗者，在象牙塔內炮製異想天開的譫言妄語。五年之後實際數據證明民進黨智庫活在雲端，完全不食人間煙火。

可怕的是該白皮書中針對減碳、廢核及再生能源等「能源轉型」規劃完全基於電力零成長的假設。如今證明該假設完全破產，該白皮書上述規劃有如建立在沙灘上的城堡，經不起事實浪花的考驗。

依2015至2020年間用電尖峰及用電度數推估2025年尖峰用電將高達4000萬瓩，用電度數也接近2500億度。蔡政府的減碳及廢核等目標是否能達成，其實有極大的疑問。奉勸蔡政府向實際數據低頭，重新檢討動搖國本的「能源轉型」政策。

本文發表於2020年7月8日
聯合報：〈電力零成長？用電創新高！
異想天開的「能源轉型」〉

3.2　全民皆輸的暴衝減碳

報載2019年4月《再生能源發展條例》修正案通過，規定未來用電大戶依法必須購置一定比例的綠電，但目前市場上綠電幾乎都賣給台電，台電依《電業法》又要降低碳排系數，無法大量賣綠電給企業，所以企業想買也買不到。經濟部忙著解套，挖空心思尋找最快而可滿足各方需求的解決方法。

企業買不到綠電，暴露了《再生能源發展條例》與《電業法》的衝突，突顯了政府在減碳政策上手忙腳亂，毫無章法。何以致此？當然蔡政府又要減碳又要廢核，「又要馬兒好，又要馬兒不吃草」是目前亂象的重要原因之一。但其實台灣暴衝的減碳政策有更深層的原因。

有句話「天下本無事，庸人自擾之」，2019年3月《再生能源發展條例》修正案不用說了，法案名稱就是發展再生能源，2017年大幅修正《電業法》，說穿了也是為了再生能源鋪路。事實上蔡政府的能源政策就圍繞著再生能源打轉，而發展再生能源的根本目的就為了減碳。減碳固然沒錯，但是否付出合理代價？

在台灣環保人士鼓吹及媒體的推波助瀾下，整個台灣社會都為極端暖化威脅論所洗腦，「減碳抗暖」無限上綱，好像以任何代價減碳都應該、都在所不惜。全球各國政府多半也有減碳政策，但各國人民對減碳代價極為敏感，沒有人願意為了減碳付出太大代價。

以震驚國際的法國黃背心暴動而言，起因就是法國總統馬克宏（Emmanuel Macron, 1977-）為了減碳調高汽油稅，調高多少？平均每輛車每年多花1000元油錢。美國去年底期中選舉，許多州也有減碳公投。在亞利桑納州有一公投硬性規定2030年再生能源占比，遭選民以70％比30％擊敗。在華盛頓州，一項在2020年每輛車每年增加1000元汽油費的公投也遭選民以56％比44％擊敗。美國與法國人都不願意為了減碳每年增加1000元的負擔。

2019年4月在加拿大阿伯塔省的選舉，碳稅是最主要議題。主張廢除碳稅的政黨以六十三席對二十四席的壓倒性多數擊敗主張實施碳稅的政黨。這些投票結果在台灣都未見報導，台灣人民還真以為全球人民都贊同「不計代價」的減碳。

台灣人民要花多少代價減碳？依蔡政府規劃，2025年太陽光電及離岸風電的電費各約1000億元，共計2000億元。台灣每個家庭為了綠電每年要多負擔2萬元的發電成本，台灣人民知道這個數字嗎？蔡政府盲目減碳，不論《再生能源條例》或《電業法》的終極目標都為了減碳，但為之付出的可怕代價少人知曉。

個人常感覺台灣社會由某個角度而言是相當「失能」。蔡政府不計一切代價發展再生能源的作為，不但人民無感，就是受衝擊最大的工商業也沒有什麼有效的積極作為，在野黨也只有零星抗議。在國外不知會引起多大風暴的無腦政策，在台灣可說是船過水無痕，輕舟已過萬重山，令人百思不得其解。

本文發表於2019年5月11日

中國時報：〈暴衝減碳，要花多少代價〉

3.3 比爾蓋茲電力建言過度樂觀

2021年5月初，微軟創辦人比爾・蓋茲爆出與妻子梅琳達離婚消息，震驚全球。兩人為全球最大慈善基金會共同執行長，多年來共同關注人類面臨之重大議題，似有共同志趣但終告分手，令人遺憾。全球暖化為該基金會極為關切的議題。蓋茲今年出版了一本《如何避免氣候災難》，該書涵蓋範圍廣泛，重點在於警告大眾氣候變遷將為人類帶來重大災難，但認為人類可以解決氣候問題，並鼓吹早日達到碳中和。以比爾蓋茲的聲望，本書立即成為暢銷書，對社會造成很大的影響。但蓋茲書中建言可行嗎？電力為全球減排重中之重，本文僅討論該書針對電力減排之建言，檢驗是否可行。

本人先要指出蓋茲將電力減排看得太簡單了，其實書中也有不少誤導及自相矛盾之處。

書中某節討論「零碳電力的綠色溢價」，綠色溢價為以無碳電力取代燃煤燃氣等會造成碳排電力的代價。書中說，如果把全美國的電力系統轉換成零碳來源，每度電費增加1.3到1.7美分，比目前美國平均電價10美分高約15%。真的這麼簡單？如果電力減碳如此簡單，為何自《京都議定書》簽定到現在近二十五年，全球碳排倍增？為何拜登在其第一任四年內就準備要花2兆美元對抗氣候變遷？為何拜登承諾要等到十五年後的2035年美國才達到無碳電力？

但在該書討論電力網章節，蓋茲則說如果再不大幅升級美國電力網，綠色溢價將不會是15%到30%，而可能是100%以上。等一下，原來15%是有條件的，但書中未提大幅升級美國電力網要花多少錢，重點是升級美國電力網就足以達成零碳電力嗎？當然不是。

在此先解釋15%是怎樣來的。15%是比較目前美國綠電與火電差價而得。美國自然條件極佳，許多地方每年太陽能發電時數為台灣一倍以上，光電成本為台灣之半。土地又極為廣闊，非常合適大力發展廉價之陸域風電，其成本也不及台灣離岸風電之半。美國綠電極具競爭力，理論上以其全面取代火電，電費只加15%並非不可能。

但問題是不論光電還是風電都是靠天吃飯，無法如火電般的24小時發電，真要全面取代火電，不但要大量設置光電板及風機，更重要的是要大量設置儲能設備（電池等），將自然條件好，綠電發電量超過用電量時之多餘電力予以儲存。待自然條件不佳（無風無陽光），綠電發電不足時，由電池提供電力。所以所謂綠色溢價的重點不在於綠電取代火電15%的差價而取決於電池儲電成本。

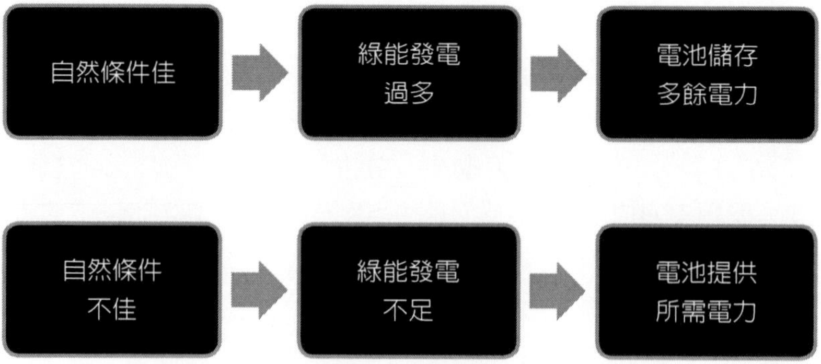

圖3.2　綠能與儲能

書中討論儲電成本也有兩種情境，一種是電池每天日夜間的充放電。蓋茲非常樂觀地假設可儲1度電的電池成本100美元，但實際上目前電池價格遠高於此，書中再假設電池壽命可充放電1000次，在此假設下單單儲電成本每度即為10美分，與目前平均電價相同。

但更麻煩的是有時電池儲電並不是只考量一日用電而要儲存一季，在此情境下，單單考慮設置電池的貸款利息，每度電儲電成本即高達美金5元，為目前平均電價的50倍。

書中提及德國裝置了極多綠電，當綠電過多時，德國將其經由歐洲大電網輸往鄰國，造成波蘭及捷克等國極大困擾。書中未提德國是貼錢輸出綠電，德國人不傻，為何不利用電池儲電而寧可貼錢輸出？以美國而言，目前全美電池儲量相當全美14秒鐘用電量。許多人由各種面向分析認為依賴電池大規模儲存電廠級電力並不可行。

由以上簡短討論即知書中開頭所謂電費增加15％就足以達成無碳電力的說法極為誤導，民眾會以為電力減碳極為容易。這也正是何以電力知識淺薄的環保團體一直誤以為碳中和不難達到之故。

其實蓋茲何嘗不知達到無碳電力極為困難，書中提到要大力發展核融合、碳捕捉、氫能源並要節約能源以達到零碳電力。但這些不都是老生常談？不都是多年來能源科技研發的方向？但研發過程艱苦卓絕。重點是經過長年努力目前仍均無經濟效益。

氣候變遷自然是人類應該關注的問題，但全球暖化的災難絕不如蓋茲書中所說的那麼嚴重。在對氣候的錯誤認知下，比爾蓋茲就難免一廂情願地希望盡速達成零碳電力。可嘆在這種思維背景下的電力建言就難免過度樂觀不切實際。

本文發布於2021年5月11日
風傳媒：〈比爾蓋茲電力建言過度樂觀〉

3.4 再生能源——真正專家怎麼說

本人曾寫過一篇〈檢討民進黨能源政策〉，指出民進黨計劃在十年內（於2025年前），快速增加台灣電力供應中的再生能源比重到20%不可行。當然民進黨鼓吹再生能源的目的主要是證明其「廢核」政策可行。但世界上許多人擁抱再生能源，對再生能源懷抱不切實際的幻想，倒不是為了廢核，而是希望再生能源可取代化石燃料（煤、石油、天然氣），減緩二氧化碳排放及全球暖化。

民進黨妄圖在2025年前達到再生能源提供20%電力固然不可行，但目前政府計劃於2030完成百萬屋頂，千架風機大計是否能達標，也是充滿疑問。全球有太多人對再生能源充滿錯誤期望的主要原因是對能源事業本質的不了解。

145期的《科學人》雜誌（2014年3月）有一篇史密爾（Vaclav Smil, 1943-）所寫的〈再生能源再等六十年〉文章，嚴正指出世人的錯誤期望。史密爾可是全球知名的真正能源專家，網路書店亞馬遜（Amazon）書單中就列出了史密爾所著的三十四本能源專書。

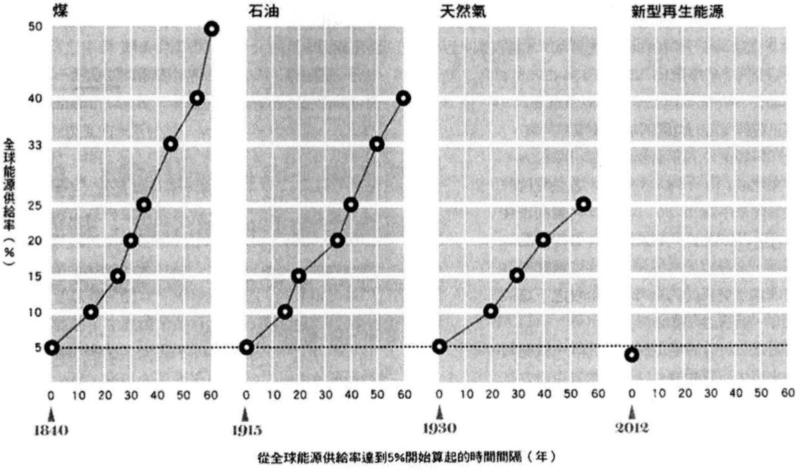

圖3.3　能源轉型時程漫長

資料來源：2014年3月《科學人》雜誌

在文章開頭史密爾就指出，再生能源的著名擁護者洛文斯（Amory Lovins, 1947-），前美國副總統高爾（Al Gore, 1948-）及2009年12月《科學人》雜誌兩位美國教授等人以為人類可以快速由化石能源轉為「再生能源」都犯了極大的錯誤。個人在《能源與氣候的迷思》一書中第13.4節「減碳誤導」一節中也花了四頁篇幅指出2009年12月《科學人》雜誌史坦福大學及加州大學兩位教授文章中的四個重大錯誤。

史密爾一再強調能源轉換（舊能源由新能源取代）是極為緩慢的過程。雖然全球各國近二十年都大力推動再生能源，但自1990年到2012年全球化石能源的占比幾乎沒變（88%降為87%）。新型再生能源中，液態生質燃料占2%，風力發電占1.19%，太陽能更只占0.16%。圖3.3為《科學人》雜誌收錄史密爾文章中之附圖，該圖顯示四種能源初次達到占全球供應量5%的年代（煤1840，石油1915，天然氣1930，再生能源2012）。

煤由5%升到占全球能源供應50%花了六十年，石油在六十年間只升為40%，天然氣在六十年只升為25%，意圖快速將再生能源取代石化能源是絕無可能。史密爾指出，全球能源基礎建設如煤礦、油井、天然氣管線，煉油廠，發電廠等，總值高達20兆美元。單單中國在2001到2010的十年間就投資了5000億美元新建燃煤電廠，全世界沒有國家會放棄這些投資。史密爾認為補貼新能源是錯誤的政策，因為挑選贏家（pick winner）是極為困難的，政府應投資不同種類的研發而非補貼。

其實史密爾的論述在能源專業人士看來也十分平常，大家心知肚明。但可嘆的是對能源一竅不通的環保人士，對再生能源懷抱著不切實際的期望，影響了許多政府的政策，造成極為惡劣的後果，台灣就是極為明顯的例子。

台灣政府應正視再生能源不成氣候，核能才是提供穩定及廉價無碳電力的唯一道路。減緩暖化宜另闢他途，政府應立即修正減核、減碳的錯誤政策。

本文發表於2014年3月18日

「台灣能源」部落格：〈再生能源——真正專家怎麼說〉

3.5　推薦「綠能騙局」紀錄片

2020年5月，有一個紀錄片在YouTube上架免費供民眾觀看，一個月點閱率超過八百萬人次。在利益團體壓力下YouTube將該片下架，但在民眾抗議下，不久又重新上架。上架下架之中也透露美國也未必是完全言論自由的國家。

該影片的主題與台灣太有關聯了，沒有人知道該影片是否會再次下架，對該主題有興趣的民眾應把握機會盡速觀看該影片。

該影片是曾獲頒奧斯卡最佳紀錄片導演麥可・摩爾（Michael Moore, 1954-）所導演，片名*Planet of the Humans*（人類的星球）。由該片片名看不出其主題為何，但其實該片90%內容是由各種角度揭發綠能騙局。蔡政府規劃花2兆元推動太陽能及離岸風電，正以各種方式鋪天蓋地宣傳綠能，洗腦全民。台灣人民太需要由不同角度了解綠能。摩爾的紀錄片正填補此一缺口。但本片片長100分鐘又沒有中文字幕，真正觀看本片的民眾必然有限，本文即簡要介紹及檢討該片。

該片有幾個重點：說明綠能作用有限，背後靠的還是化石能源（煤炭、石油及天然氣），環保人士對砍樹發電的生質能是否贊同閃爍其詞，環保人士之偽善及推動綠能的商業利潤。在在都擊中環保團體及綠能業者的痛處，難怪YouTube在壓力下曾短暫下架該片。

該片花很長的時間解釋綠能作用有限：鋪設一個操場面積的太陽能，一整年的發電度數只能供應十家人用電。不論是小型環保集會或是慶祝地球日大型集會，主辦單位都不

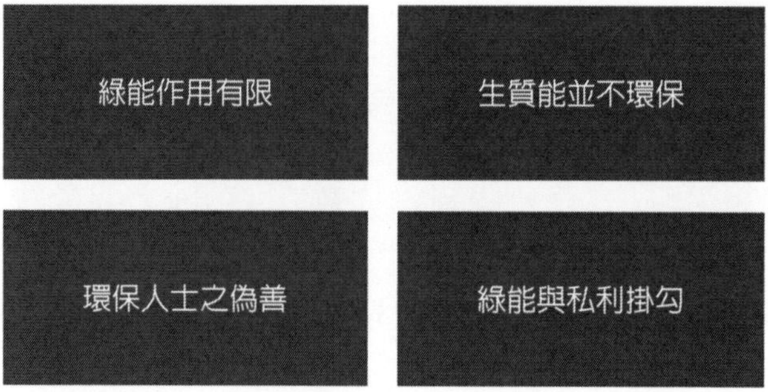

圖3.4　《人類的星球》影片中的幾大重點

忘吹噓該活動完全使用綠能，引起群眾歡呼。但一場小雨就漏餡，搞了半天還是依賴柴油發電機及乾脆直接由電力公司電網供電。電動車發表會也吹噓不使用化石能源（石油）而是使用乾淨電力，但進一步探討，發現該地電力公司電力95%來自火力發電。電動車都在沒有陽光的夜晚充電，更是100%依靠火電充電。

該片指出綠電天生不穩定，所以得依賴火力機組提供備用電力。一旦沒風沒陽光時，要立即起動補上電力缺口。但問題是火力機組配合綠電開開關關，嚴重影響發電效率，導致碳排增加。

影片中指出目前美國碳排減少是因為以燃氣發電取代燃煤發電，並不是因為以綠電取代煤電，美國近年來化石燃料生產其實是一路成長。

德國是綠電大國，但該片指出在全德能源供應，太陽能只占1.5%，風能只占3.1%，德國還是歐盟中使用煤電最多的國家。

該片中有一段蘋果公司宣布該公司100%使用綠電也被揭穿是一個大謊言，實際上全球沒有任何一個大企業可以

100%使用綠電。大家寄以厚望的儲能設施其實裝置還不到全球能源使用的0.1%。

該片以很長的時間討論「生質能」，顯示砍樹發電的生質能在全美遍地開花，許多生質能業者得到政府補助大發其財。某電廠一年就得到1,100萬美金的補助。影片也指出將全美國的樹砍光還不足以提供一年電力。

綠能有這許多問題，為什麼一般民眾完全不了解？因為民眾遭受環團洗腦。該片揭露了環保人士的偽善。美國前副總統高爾贊成在巴西開發生質能，但對為了種植生質能植物而砍伐亞馬遜森林驅逐當地印地安原住民避而不提。高爾將其公司高價賣給產油國家也不認為與其環保理念有何衝突。另一位在影片中一再出現的著名環保人士Bill McKibben（1960-）是一位大企業家。有名的350.org團體就是他成立，該團體目標是要將大氣中二氧化碳濃度由目前410ppm降為350ppm。但追問其經費由何而來，支吾其詞，不願透露其實是石油大亨創立的洛克菲勒基金會。影片中也批露麥氏全球投資標的只有1%是綠能，投資在化石能源等黑名單公司的金額遠遠高於綠能。

該片也指出有太多企業因綠能發大財，這些企業正與環保團體結合大力鼓吹綠能。片中最後有一句話：「環保運動與資本主義的結合已經完成。」

該片並不是沒有錯誤，摩爾到底不是能源專家，片中難免有見樹不見林之處。但該片可貴之處是在全球環保思維披靡，無人敢攖其鋒的今天，揭露綠能之諸多問題，提供民眾不同角度的思考方向。

本文發布於2020年6月11日

風傳媒：〈檢討「綠能騙局」紀錄片〉

輯二

減碳政策

第四章
淨零無望

◆

2050年淨零碳排是不可能達成但無人敢明言的「國王新衣」。本章第一篇文章由台灣電力配比，第二篇由全球減碳歷史，第三篇由城市淨零目標，分別解釋為何2050年淨零排放不可能達成。

4.1　減碳路徑圖，硬著頭皮湊答案

蔡總統在2021年國慶演說中說：我們已經和國際主流同步，宣示2050淨零排放目標，也必須和各界一起規劃路徑圖。報載國發會主委龔明鑫表示，最快今年底會公布減碳路徑圖。

IEA指出，全球200個國家中，到今年4月底為止，除歐盟外，全球有44個國家承諾2050年溫室氣體淨零排放，也只有11個國家將此承諾納入法律。顯示即使作此承諾的國家，也極少將此承諾入法。但蔡政府中真正懂得能源者早就噤若

寒蟬，減碳及能源政策完全由對能源一竅不通的幕僚所主導。

2050年距今仍有三十年，政治人物很樂於承諾三十年之後的事，三十年後支票跳票干我何事？但減碳路徑圖就沒這麼輕鬆了，減碳路徑圖是明確指出未來每隔五年減碳目標為何，要如何達成。個人還真沒看過什麼國家提出減碳路徑圖，即使有應也是得天獨厚，地理條件極為優越，水電占比八成以上的國家。蔡政府如果真敢提出所謂減碳路徑圖，真可說得上是全球創舉。

為何減碳路徑圖如此困難？因為三十年後要淨零排放，總不能厚著臉皮說前二十年沒減什麼碳，全部減碳都發生在2040年之後的十年。如果平均分配，每十年平均減碳33%方能達到三十年後淨零排放目標，淨零承諾才較為可信。

減碳至少可分為三大部門：電力、交通及工業。許多工業如水泥、鋼鐵等，製程本身就有大量碳排，以經濟可行的方案將整個工業打掉重練談何容易。以交通而言，全球九成運具仍依賴汽油等化石燃料。當然可以加速推動電動車，但電動車的電從火電還是綠電供應又是大哉問。相對而言電力減碳「最為容易」。

拜登總統承諾美國將於2050年達到淨零排放，但因為電力減碳相對容易，拜登目標為2035年達到無碳電力，2030年80%電力無碳。台灣要達到2050年淨零排放，電力無碳目標至少要向美國看齊。

但蔡政府規劃2025年電力配比目標為綠電20%，火電80%。若比照美國目標，2030年兩者占比要翻轉為綠電80%，火電20%。用膝蓋想想都知道可行性為零。

如何減碳是極為技術性的問題，本應由下而上，由技術可行性，經濟可行性，社會可行性詳細分析向上呈報。可嘆今日台灣是由上而下，總統先作承諾，各部會再硬著頭皮，昧著良心湊答案。

全國人民對蔡政府的減碳路徑圖都拭目以待。

本文發表於2021年10月16日

聯合報：〈減碳路徑圖，硬著頭皮湊答案？〉

4.2　誠實面對2050年淨零無解的事實

淨零碳排成了全球顯學，媒體用心良苦，經常以大量篇幅討論台灣減碳展望及各種減碳手段。

但細考各界評估，不要說2050淨零排放不可能達成，就是2030年較基準年減碳20％都困難重重。李遠哲感嘆「2050淨零是不可能，年輕人都被騙了」，也不是沒有來由。但問題是蔡總統對淨零碳排固然無解，李遠哲有解嗎？

李遠哲都如此清楚明白地表示2050淨零絕不可行，但個人深為詫異者為：極多學者仍然死抱淨零目標不放，提出各種「建言」，好像只要依照其建議，減碳目標唾手可得。國發會於2022年3月底提出2050年淨零排放路徑圖，並承諾在年底前將公布關鍵策略的細部方案，但直至當年12月，仍然不見蹤影。窮政府各部會之力，絞盡腦汁都提不出可行的淨零方案，這些學者真以為自己有什麼獨家偏方可解政府燃眉之急？

全球第一個減碳協議《京都議定書》於1997年提出，直到2022年，二十五年來，能說全球沒有努力減碳嗎？但結果是全球碳排是1997年的一倍。原因何在？歐美等已開發國家人均能源使用量很大，當然有減碳空間。但全球多數人口都居住於開發中國家，人均能源使用量很低，為了經濟成長，人均能源使用量年年增加，碳排隨之增長，全球碳排怎麼可能降得下來？

暖化是否有可能造成氣候變遷，使極端氣象增加？當然有可能。但不同溫升到底會造成極端氣象惡化多少，依現在科學能力，極難論斷。今天全球溫升較19世紀下半葉約增加攝氏1.1度，依媒體報導，大多民眾都以為對全球氣候已造成很大變化，但聯合國報告中不是坦承資料不足，就是明言由統計數字，很難看出過去百年有什麼明顯趨勢。氣候模型時溫升1.5度、2度、3度的預測很不可靠，根本不宜作為政策依據。

說穿了，大力鼓吹極端暖化威脅論是西方已開發國家，已開發國家人民生活富裕，對氣候變遷完全不願承擔任何風險，即使風險很小或根本很不確定。占世界人口八成的開發中國家之優先順序與已開發國家並不相同。開發中國家的第一優先是發展經濟，改善人民生活，對於使用化石燃料造成一些不確定的氣候變遷風險的承受度，遠高於已開發國家。

未來三十年已開發國家能源轉型造成的減碳數量必將遠低於開發中國家為了發展經濟增加的碳排。這一事實體現於過去的中國，今天的印度，也必然發生在未來的非洲。還奢談什麼在三十年內的2050年達到全球淨零碳排，控制本世紀末溫升於攝氏1.5度？

以絕不可能達成的1.5度為目標的最大問題就是只好「不惜一切代價」的減碳。台灣政府在廢核後，對淨零根本提不出可行的方法與路徑，病急亂投醫，看到什麼減碳手段就不惜代價推動。

個人曾簡介諾貝爾經濟學獎得主諾德豪斯成本效益分析，諾氏建議人類減碳應以攝氏3度為目標。個人也建議或可輔以氣候工程手段，將實際溫升控制在1.5度或2度。如此才不會「不惜一切代價」而改採符合成本效益的減碳手段。

IEA認為要達到2050年淨零碳排，2030年必須減碳40%，由目前人類碳排仍年年增加的情況看來，短短幾年內減碳40%只能說是天方夜譚。數年內大家就會認清2030年及2050年的目標都不可能達成，不再自欺欺人而提出較務實的溫升目標。台灣應對此變局預作準備，採取溫升目標改變後，由成本效益分析仍然可行的政策，如放棄非核家園政策等「無悔政策」。但由目前民粹當道的氛圍看來，這種期望還真是緣木求魚。

本文發表於2022年12月14日

風傳媒：〈誠實面對2050年淨零碳排無解的事實〉

4.3　城市淨零？別搞笑了

報載台北市議會2022年6月通過了洋洋灑灑十五頁的《台北市淨零碳排自治條例》，但個人深感不忍卒讀，整個條例有如夢囈。該條例充滿一廂情願的華麗詞藻，但極少定量規劃，在此不妨檢討該條例中少數定量規劃部分。

該條例野心很大，目標是在2030年台北市碳排要低於2005年碳排40%。台灣碳排中電力碳排約占50%，檢討台北市減碳目標能否達標宜先檢討電力碳排。2005年三座核能電廠六部機都正常運轉，加上水力及生質能等，全台無碳電力占比超過20%。今年是2022年，台電電源開發計劃規劃至少十年後的電廠建設。2030年核電全部除役，綠電占比20%，火電占比80%。2030年全年用電較2005年增加八成，即使增氣減煤，簡單計算即知2030年電力碳排較2005年增加至少三成，屆時台北市電力碳排即超過2005年全部碳排六成以上。減碳四成表示八年後台北市運輸，工業碳排要全部歸零？在說天方夜譚嗎？無怪乎該條例送行政院審核，至今沒有下文。

該條例對植樹碳匯寄以厚望，多處提及鼓勵植樹。大安森林公園占地26公頃，是台北市最大公園綠地。假設大安公園全面植樹，每年減碳功能約400公噸。但全台去年碳排約280百萬噸，以全台23百萬人計，每年人均碳排約12公噸，換句話說，台北市最大的大安公園約可抵消33位台北市民的碳排。全台北市面積約大安公園1000倍，如果全台北市全部植樹，也不過抵消33000位市民碳排，略高於百分之一市民人口。植樹減碳值得推廣嗎？個人很懷疑台北市議會曾否作此類簡單計算？

表4.1　植樹碳匯

	大安森林公園	台北市
面積	26公頃	約27,000公頃
全面植樹達成的減碳量	約400公噸	約400,000公噸
可抵消碳排人數	約33人	約33,000人

個人認為台北市議會不會憑空提出《台北市淨零碳排自治條例》，市議員背後應有「堅強」智囊團擬定草案。不幸能源及減碳知識薄弱的環保智囊團充斥社會，但這些環保團體掌握媒體及發言權，蠱惑社會。台北市議會也不過是眾多受害團體及政治人物的樣本。

減碳是國家層面的政策，全球城市減碳規劃水準也都類似，實在能免則免，不要瞎折騰了。

本文發表於2022年10月12日

聯合報：〈城市淨零大業，參選人說天方夜譚？〉

第五章
規劃跳票

◆

全本章是本書重頭戲，在此提供詳細導讀。

本章第一篇解釋蔡總統及王部長淨零規劃都有問題。蔡總統在2021年宣布台灣要在2050年達成淨零碳排後，2022年3月六部會就提出「淨零策略總說明」，第二篇即詳細計算電力碳排，斷言該報告根本無法達成。國發會於2022年12月提出2030年階段性目標，本章第三篇解釋為何國發會四大部門減碳規劃各有問題。第四篇為個人在工總白皮書對政府的減碳建言。中央研究院也曾提出五百頁的淨零建議書，本章第五篇文章解釋報告中矛盾之處。第六篇建議台灣減碳的無悔政策。政府提出不可行的能源政策並非首次，第七篇回顧蔡總統第一任能源政策之九項硬指標全部跳票，民眾應引為警惕。

5.1　9千億元差得遠，兼論王美花淨零三箭

最近淨零排放真是熱鬧，各種會議及論壇幾乎無日無之，並且參加的都是「大官」。

以2022年4月22日的世界地球日為例，當天舉辦了「2022永續設計行動高峰會」，邀來總統蔡英文、國家發展委員會主任委員龔明鑫、經濟部長王美花等重量級人物致詞、發表領袖實踐宣言。

蔡總統在致詞時指出：政府已經規劃在2030年以前投入9千億經費推動轉型計畫，與民間共同努力，朝2050淨零排放目標大步前進。蔡總統的意思是9千億是很多錢，顯示政府淨零的決心。但個人看了實在好笑，總統可能搞不清楚淨零是多麼艱巨的任務，以為十年9千億元就可以搞定？

美國總統拜登也有所謂2050淨零排放目標。拜登在其Build Back Better（重建得更美好）的偉大計劃中，撥出近1兆美元預算在四年間從事與氣候相關的建設，這只是頭期款，未來將有更多，更大筆的撥款。

當然美國是大國，花的錢比台灣多不稀奇，但蔡總統提的數字也未免太小兒科了。蔡總統剛上任時曾說過未來八年台灣為了減碳將有3兆元能源計劃。1兆元為了太陽能，1兆元為了離岸風電，另外1兆元為了燃氣電廠。因為廢核之故，投入3兆元能源建設的結果是碳排不降反升。

淨零碳排是何等艱難的工程，台灣要2050達到淨零排放，依政府三月底公布的線性減碳路徑，2030年要較2020年減碳近1億噸，當真妄想9千億就搞定？蔡總統請說明這9千億元如何分配，各別及總共可以減多少碳。否則光說9千億

元就可減碳近1億噸，很難令人信服。

經濟部是蔡總統最重要的能源及減碳幕僚單位，聽聽王美花部長有何高見。在工研院舉辦「打造淨零時代競爭力」論壇暨特展，經濟部長王美花指出氫能、地熱、儲能，是未來淨零轉型中的三個要角。

台灣真的要靠王部長的減碳三箭達成淨零轉型？個人實感匪夷所思。

聯合國政府間氣候變遷專門委員會（IPCC）及IEA是國際上針對如何減碳最為權威的兩個機構。兩者多年來提出極多減碳建議及淨零路徑，但從未將氫能、地熱、儲能三者提高到減碳三箭的地位。

以氫能而言，蔡總統初上任時規劃台灣將以綠能製氫並液化後輸出日本，現在一百八十度大轉彎，要進口液化氫氣促進台灣能源轉型，不知蔡總統到底打定主意沒有？以地熱而言，不論IPCC或IEA都從未將地熱作為再生能源重要選項。以儲能而言，個人也曾指出美國全國儲能不及全國1分鐘用電，德國寧可貼錢將多餘綠電以負電價輸往鄰國也未將其儲存。王部長的能源三箭只是暴露其對能源之無知。

本文發表於2022年4月28日

風傳媒：〈蔡英文9000億元減碳差得遠，兼論王美花的淨零三箭〉

5.2　淨零排放？電力減碳就跳票

2050淨零碳排全球喊得喧天價響，蔡總統不落人後，不但承諾台灣也要在2050年達成淨零碳排，並且要將此一目標入法。2050年淨零碳排挑戰極高，蔡總統的承諾引起各界強烈質疑。蔡政府隨即宣布將在2022年3月底前發布務實可行的「淨零路徑」，國人均寄以厚望。

3月30日六部會舉行聯合記者會發布「台灣2050淨零排放路徑及策略總說明」。此六部會為國發會、環保署、經濟部、科技部、交通部及內政部，聲勢十分浩大。不過個人拜讀該報告後實在大失所望。

減碳路徑是要提出確切可行的路徑，但該報告像是作文比賽，將以往減碳文宣照抄一遍。該報告涵蓋範圍極廣，否

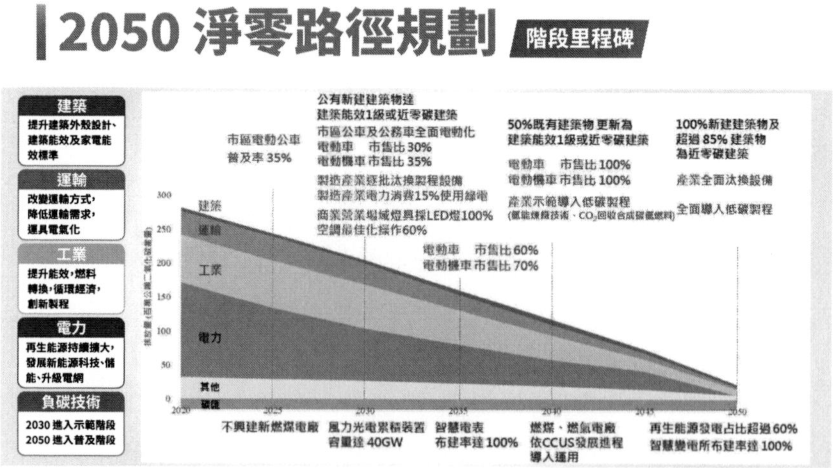

圖5.1　臺灣淨零路徑規劃之階段里程碑

資料來源：國家發展委員會

（彩圖詳見頁159）

則也不會由六部會聯合召開記者會。但整本報告漏洞百出，本文僅先討論電力減碳。

圖5.1為該報告中之淨零路徑規劃（階段里程碑）圖，將碳排分為電力、工業、運輸、建築及其他等五大部門。該圖十分奇妙，由2020年至2050年間劃幾條直線，表示不分類別，共同平均承擔減碳責任。這種規劃合理嗎？

以美國而言，拜登政府也承諾到2050年達成淨零排放，但規劃2035年電力要先達成淨零電力。為何如此規劃？因為與工業或運輸相較，電力減碳相對簡單，因為到底有水力，太陽能，風力及核能等零碳發電方式。相較之下，工業及運輸減碳極為困難。

吾人即以蔡政府的線性減碳規劃，檢視電力部門是否可達到減碳目標。

本分析乃依據淨零路徑報告之數據：2019年全台碳排287百萬公噸，電力部門碳排約占一半而為139百萬公噸。依線性至2050年電力碳排歸零，2025年及2030年之電力碳排應分別降為112百萬公噸及90百萬公噸。

2019年全台發電2741億度，依淨零路徑報告每年平均電力成長2%計算，2025年及2030年全台發電量將分別為3086億度及3408億度。

2025年核電歸零，蔡政府日前坦承綠電無法達到20%，只能供應15%電力。茲寬鬆認定燃氣發電供電50%，則燃煤發電將提供35%電力。在此條件之下，2025年電力部門碳排將高於2019年的139百萬公噸而為148百萬公噸，較目標值112百萬公噸高出36百萬公噸。

依蔡政府規劃，2026年至2030年，每年將增加2GW太陽光電及1.5GW離岸風電，2030年光電風電裝置容量將高達

45GW。在獨立電網的台灣不穩定綠電占比太高，必將發生棄電。暫不考慮棄電，假設新增之太陽能及離岸風電均能提供飽和電力，則與2025年相較，2030年綠電可增加發電400億度。

假設45GW之光電電風電加上傳統水電全部發揮功能，綠電將提供約1000億度，近全台三成電力。並假設煤電提供電力與2025年相同，並未成長，其餘電力全部由燃氣發電提供。依以上假設，2030年電力碳排仍將與2019年之電力碳排相同為139百萬公噸，較目標值90百萬公噸高出49百萬公噸。

電力部門之碳排最容易檢驗，由以上簡單分析可知連最容易減碳的電力部門之中程減碳目標都必將跳票，還奢談什麼工業及運輸部門減碳？還奢談什麼2050年淨零碳排？

新上任的台電董事長曾文生說電力減碳是挑戰而非困境。個人就請教曾董事長是否可以公布台灣電力部門2025年及2030年之碳排？此二年度之碳排是否可以達到淨零路徑報告之電力部門減碳目標？

如果曾董事長無法提出令社會大眾信服之減碳數字，表示所謂「台灣2050淨零排放路徑及策略總說明」根本是公然誤導。

本文發表於2022年4月8日

風傳媒：〈淨零排放路徑？電力減碳就跳票〉

5.3　淨零排放路徑必跳票

蔡總統於於2021年4月宣布台灣將於2050年達到淨零碳排。國發會受命整合各部會，於2022年3月提出「台灣2050淨零排放路徑及策略總說明」，更於同年12月底提出「淨零轉型之階段目標及行動」與「淨零轉型十二項關鍵戰略行動計劃」。詳細規劃2050年如何達成淨零碳排，並提出2030年階段性減碳目標（圖5.2）。

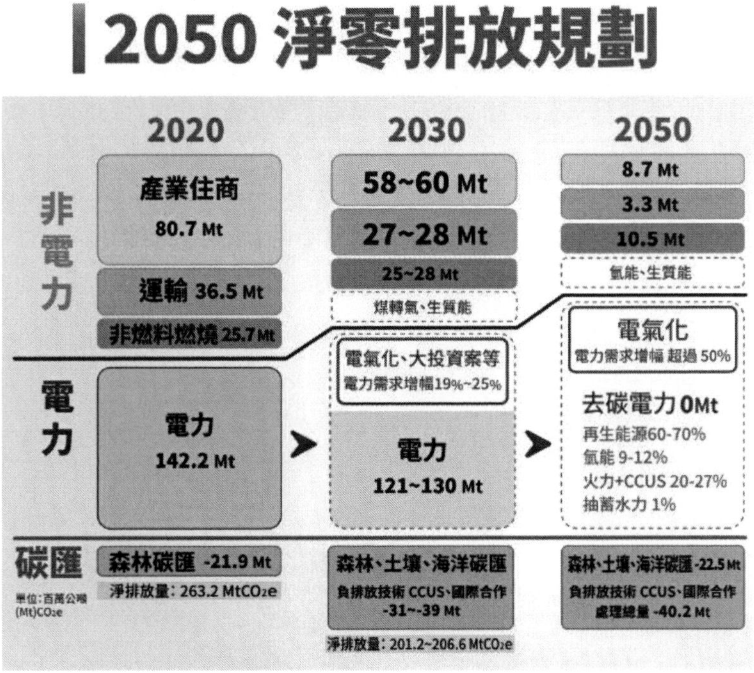

圖5.2　2050淨零排放規劃

資料來源：國家發展委員會

（彩圖詳見頁160）

個人很難想像有比2050淨零碳排更重要的政策。此一政策全面顛覆我國能源、經濟及社會各層面。旁的不說，政府規劃2023至2030的八年間要花9千億元進行各項「淨零轉型」計劃，這還不計私部門針對光電風電的數兆元投資。但社會上殊少見到針對該規劃之檢討。

先討論政府的減碳目標，溫減法是以2005淨碳排269百萬噸為基準計算減排。政府最新推出的國家自主減碳「強化目標」為2030年淨排放較2005降低24%，也就是淨排放降為204百萬噸。但2020年淨排放為263百萬噸，表示2030年淨排放要較2020年降低59百萬噸。

何謂淨排放？因為森林及農作物等植物在行光合作用時會吸收二氧化碳，有減碳功能，稱之為「碳匯」。所以電力、工業及交通等產生的溫室氣體排放減去全台碳匯即稱之為淨排放。要減少淨排放有兩個手段，一為減少碳排，一為增加碳匯，政府的淨零規劃雙管齊下。檢討2030年減碳目標可否達標，檢討政府之減少碳排及增加碳匯兩個目標可否達成即知。

先檢討政府的減排規劃。台灣碳排有四大來源，以2020年為例，總碳排為285百萬碳，減去碳匯22百萬噸，故淨碳排為263百萬噸。總碳排285百萬噸中，電力碳排142百萬噸，占了50%，此外工業製程碳排26百萬噸，運輸部門碳排37百萬噸，住商部門碳排81百萬噸。以下分別檢討針對此四大碳排來源政府到2030年之減碳規劃。

依國發會規劃，工業製程碳排不減反增，因為水泥、鋼鐵及石化產業等製程中即會產生碳排，雖說有所謂減碳製程，但不是技術不成熟就是成本太高。目今年到2030年只有短短八年，工業界也不可能將生產設備提早折舊退休以改變製程。但經濟成長，需求上升，所以工業製程碳排不減反增。

電力是台灣最大碳排來源，減碳要達標，電力減碳是重中之重。相對其他碳排，電力減碳相對最為容易。因為到底有光電、風電及核電等成熟之無碳發電方式，綠電不穩定的問題，也可以由儲能解決，所以世界各國減碳都以電力減碳作為主要目標。以美國而言，固然將全國淨零排放目標定於2050年，但拜登政府的雄心壯志是在2035年達到零碳發電。

國發會之電力減碳目標極為「保守」，規劃2020年142百萬噸的電力碳排到2030年只減少12到20百萬噸，只減少9%到14%。比美國2035年電力減排100%相去不可以道里計。此外令人納悶，依台電電源開發計劃，8年後台灣電力配比今日即知，為何碳排非一個定值而是一個範圍？是否政府也默認雖然花了數兆成本設置極大量綠電，但因綠電滲透率（在電網占比）太大，難免發生大規模棄電，所以不敢取其減碳功能，只好以一個範圍代之？

國發會對運輸部門減碳倒是野心勃勃，規劃2030年運輸碳排較2020年減少34%，由37百萬噸降至28百萬噸。是否可能？政府運輸減碳其實只有一招：運具電動化。就是將目前的汽油車改為電動車。但汽油車改為電動車是否真有減碳功能完全要看「電從哪裡來」。如果電動車電池之電力完全由無碳之綠電或核電提供，電動車當然很有減碳功能。但如果電池充電之電力來源主要還是由化石燃料（煤炭及天然氣）產生，電動車之減碳功能就十分有限。

2020年台灣發電量中，煤電及氣電占了82%，核電11%，綠電7%。因綠電建設緩慢，政府坦承2025年廢核後，綠電占比只有16%，無法達到原先規劃之20%，煤電氣電占比將增為84%。政府雖然規劃在2030年大幅增加綠電裝置容量，但因前述綠電在電網中之滲透率不宜過高，2030年主要電力仍將由煤電及氣電提供，運具電動化豈有可能將運輸部門碳排降低34%？

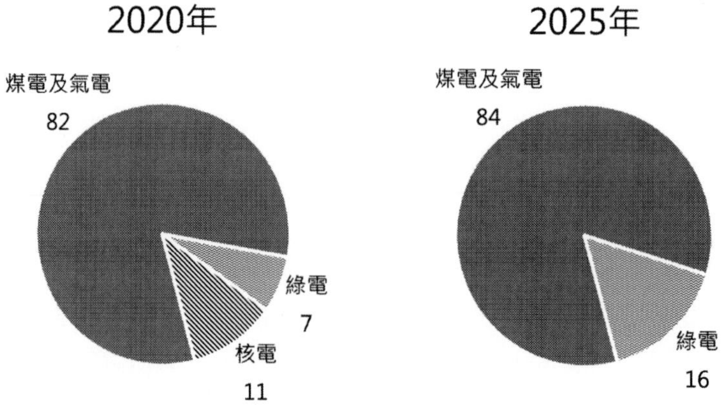

圖5.3　2020年與2025年台灣發電量占比（單位：%）

最為令人詫異的是國發會規劃住商部門碳排將減少28%，由2020年之81百萬噸降至2030年之59百萬噸。最主要的手段即為建築能效提升及照明與空調節能。所謂建築能效提升就是增加「綠建築」，台灣建築何止百萬棟，但政府目標是在2025年每年商業部門增加400件綠建築，住宅部門增加300件綠建築，2030年公有新建築達一級能耗，住宅部門每年增加350件綠建築。個人相信數字如此低的綠建築目標不難達標，問題是與全國建築數目比較是否杯水車薪？照明空調也是老生常談的改裝LED燈及多採用高效能之空調系統、冷氣機及電冰箱。以這些手段意圖在住商部門減碳28%，每年降低59百萬噸碳排豈非自欺欺人？

政府在最容易減碳的電力部門減碳目標訂為約12%，在減碳困難的運輸部門及住商部門減碳目標反而訂為34%及28%，原因也極為簡單。因電力部可減多少碳由電力配比即可計算，政府不敢吹太大。運輸部門及住商部門未來減碳潛力不似電力部門可立即提出確切數字反證打臉，政府反而敢於大膽誇大。

但政府如此大膽的規劃降低碳排還是遠遠達不到降低59百萬噸的目標，政府只有在增加碳匯上動腦筋。

台灣全島超過60%為森林，過去數十年每年穩定提供22百萬噸碳匯。但國發會規劃2030年碳匯少則增加9百萬噸，多則增加17百萬噸，相當於增加碳匯40%到80%。如此大量增加碳匯的規劃令人匪夷所思，要將森林擴至台灣海峽嗎？

政府準備在未來八年編列近兆預算達到2030年減碳目標，但只要簡單分析，即知必將跳票。政府規劃八年後之2030年減碳24%，表示未來每年平均減碳3%，2025年應減碳約10%。但2025年全面廢核後，碳排極可能不降反升。不必等到2030年，三年後即知花了大把民脂民膏的減碳規劃必將跳票。

本文發表於2023年3月7日
奔騰思潮：〈白花9千億，減碳必跳票〉

5.4　工業總會白皮書能源建言補遺

2023年8月8日，工業總會公布了2023年白皮書，針對政府建議分為八個章節，其中包括對能源暨環境政策的建言。個人忝為能源委員會委員，僅針對本章節提出一些淺見。

全球暖化已成全球顯學，工總針對能源暨環境政策八大建言中有三項直接針對減碳，另外三項：能源配比、離岸風電及氫能發展，也無不環繞減碳目標。

頗為遺憾個人提出的兩項建言並未納入白皮書之最後版本，但個人認為此二建言對台灣未來能源政策仍有相當意義，應值得進一步解析。

縱觀今年白皮書之能源建言其實有一潛規則，就是全面接受2050年淨零碳排的目標，此與往年工總立場有相當大的差異。往年工業界對2050年淨零碳排之目標其實有相當大的疑慮，往年白皮書多次呼籲政府不宜將此一目標入法，但今年似乎完全接受此一目標已入法之事實，許多建言是在接受此減碳目標下之產物。

但將此一目標年入法就表示一定能達成嗎？減碳是否能達成是個科技問題而不是立個法就可以達成的。如果立法即可達成，為何不將淨零時程提前到2025年？如果大家認為2025年十分荒謬，為何認為2050年就不荒謬？

全球各國有能源實務經驗的專業人士極少人認為此一目標可行，認為可行的多為沒有絲毫能源實務經驗的政客及環保與社運人士。

在2018年因其在「氣候經濟學」領域的卓越貢獻而榮獲諾貝爾經濟獎的耶魯大學教授諾德豪斯即多次指出不要說

2050年，2100年都不可能達成淨零碳排。追求一個不可能達成的目標，過程中一定會狗急跳牆，採取許多不合理不可能達成的措施與政策。

這一點其實政府也心知肚明，只是國王的新衣，無人敢予拆穿。個人建言也不過是要求政府將減碳政策攤在陽光下供各界檢視，要求政府誠實面對現實。

個人兩項建言之第一項為：「政府宜公布2023年至2030年每年各部門減碳目標與成效以檢驗2030年階段性減碳目標達成率。」針對此一建言之具體說明如下：政府於2022年12月底提出「淨零轉型之階段目標及行動」，提出2030年階段性減碳目標。與2020年相較，規劃電力部門減碳12%，運輸部門減碳34%，住商部門減碳28%，碳匯增加60%。政府宜明定自2023年至2030年間，每年各部門減碳及碳匯增加目標並逐年檢驗目標是否達成，以加強社會對達到2030年減碳階段性目標之信心。

表5.1　2030年各部門階段性減碳目標

電力部門	運輸部門	住商部門
12%	34%	28%

個人第二項建言為：「宜由減碳功效、時程及成本評估各種減碳技術。」具體說明如下：政府將2050淨零排放列為政策目標，並於《2050淨零排放淨零路徑報告》列舉許多減碳科技如：光電、風電、海洋能、地熱、碳捕捉、氫能及智慧電網等。但評估報告針對這些減碳科技多為定性描述，缺乏定量數據。政府討論各項減碳技術時宜有定量數字解說該技術在不同年分（2020至2050年，每隔五年）將分別以多

少成本減多少碳排。有此定量數據方可評估各種技術之可行性，各種技術之優劣及推動之優先順序。

減碳抗暖，尤其是2050年淨零碳排的目標完全主導了台灣今日能源政策，個人建言不過是正本清源，呼籲各界正視減碳時程的可行性。建立在不可行目標的政策與建言，正如建立在沙灘上的沙堡，無法承受能源科技現實的浪花。

本文發表於2023年8月19日
風傳媒：〈淨零排碳成國王的新衣
——工總白皮書能源建言補遺〉

5.5　中研院能源建議書可行嗎？

氣候變遷與能源減碳是當今全球顯學，蔡總統於2022年宣布台灣將於2050年達到淨零碳排，並要將此一目標「入法」。政府於2022年3月底提出「2050年淨零排放路徑圖」，並承諾在年底前將公布關鍵策略的細部方案。身為台灣最高研究機構的中央研究院不落人後，搶在政府報告前，於11月底發表近五百頁之《台灣淨零科技研發政策建議書》。此一重要建議書似乎被社會所忽視，殊少見到討論。

該建議書前言指出中研院工作小組於2020年底便開始廣泛收集資料，邀集國內十八位專家，於2021年4月正式啟動「永續轉型減碳路徑政策建議諮詢平台」，召開十六場主題討論會議，共有超過三百位專家參與人次，討論各面向的減碳做法。

工作小組更召開七次「永續轉型減碳路徑政策建議諮詢平台」委員會議，委員深入討論各減碳選項之發展問題與潛能，並提出許多跨面向寶貴建議。個人對中研院投入之努力實為感佩。

如報告中所言，台灣碳排90%乃因能源使用所造成，其中發電造成的碳排更高達全國碳排之半，故電力如何減排即成為2050年是否能達到淨零排放重中之重。本文也僅針對該報告之電力部分提出一些淺見。

該報告很有企圖心，規劃了2050年各種發電方式之裝置容量及發電量預估。報告中之裝置容量均有高低範圍，但為簡化討論，本文均取其平均值。報告中提出之發電量占比令人耳目一新，與國發會3月底之規劃有顯著差異。國發會規劃2050年之發電量中再生能源占65%，氫能11%，裝有CCUS的火力占比仍有24%。中研院報告中完全沒有火力發電，再生能源占比59%，氫能占比41%。進口氫能占比14%與國發會之11%相差不多，但多了一個在國發會報告所無但在中研院報告中占比27%的「無碳燃氫」。

無碳燃氫是國際上尚在發展，尚未成功落實的新技術。中研院報告中坦承目前熱能分解等技術反應溫度高於攝氏1000度，電漿分解溫度更高達攝氏2000度，耗能太高是此種技術的最大問題與挑戰。IEA與聯合國IPCC報告中從未認為此一技術是電力減碳妙方。台灣發展此一技術較其他國家更為不利，此製氫方式的原料為甲烷（天然氣），台灣進口液化天然氣價格數倍於產氣國之氣價。

此外如報告中指出，與傳統燃氣發電比較，發同樣度數的電，要進口約2倍的天然氣，表示要加倍投資建設液化天然氣接收站及貯槽等，這些成本在報告中也未見討論，在尚有許多未解決的問題之際，中研院即重押此一技術，規劃在2050年提供台灣四分之一電力是否太過樂觀？國發會不敢如此樂觀，在減碳路徑圖中並未納入「無碳燃氫」對減碳之「貢獻」。

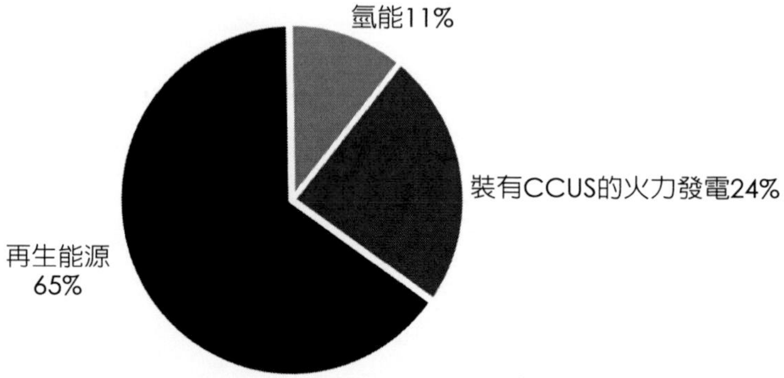

圖5.4　國發會規劃2050年之發電量占比

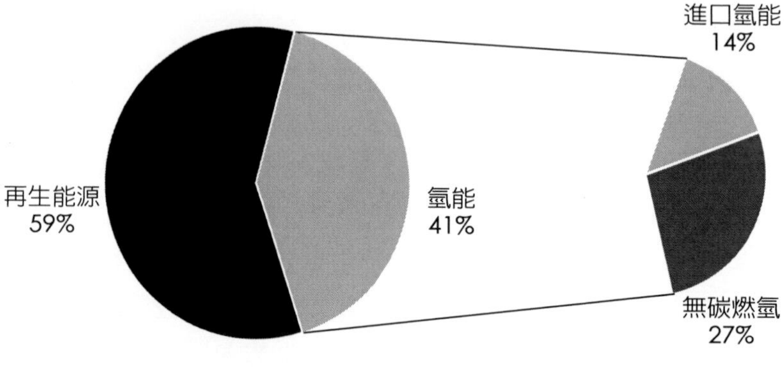

圖5.5　中研院規劃2050年之發電量占比

中研院報告中預估2050年台灣發電方式均為無碳電力，總裝置容量為158GW（百萬瓩）。其中可調度之無碳電力（氫能，地熱、海洋能等）裝置容量56GW。細查其容量因數，氫能高達80％，地熱等也高達65％。表示未來此類電力將扮演基載電力的角色，全年平均可使用之裝置容量約40GW。看天吃飯，不可調度之風電光電裝置容量各51GW，共102GW（以上數字均為報告中之平均值）。

2023年台灣夏季尖峰用電40.75GW，國發會報告估計每年台灣電力平均成長2%，2050年台灣夏季尖峰用電將達71GW，冬季尖峰用電約53GW。上段全年平均可調度無碳電力占了40GW，茲假設夏天運轉50GW，冬天30GW，表示不論冬夏，全年電網可接受之風電光電約20GW，裝置容量高達102GW之風電光電必將發生極大規模棄電。但報告中風電光電之全年發電量占比40%乃是基於並未棄電之容量因數，完全沒有考慮電網無法容納如此大量之風電光電。若發生大規模棄電，風電光電之實際供電必將遠低於報告中之40%，極可能只是預估發電量的零頭。

報告中對於如何解決綠電供需失衡造成的棄電也有所討論，法寶就是儲能。當老天爺很賞臉，風電光電供電超過用電需求時，將多餘之綠電儲存起來。待情勢反轉，用電需求高於供電能力時，將儲存的電取出使用。儲能是綠能的最佳排檔。

許多人立即想到將多餘的綠電「製氫」。但以綠電製氫，再以氫發電，一來一往效率太差，多餘綠電儲能仍以鋰電池等較為合適。但問題是鋰電池價格極為昂貴。中研院報告中指出：目前美國特斯拉電網級Megapack產品一套7.7MW／30.8MWh規格，加州售價約在1000萬美元（新臺幣3億元）。依此計算，裝置電網級1GW電池費用將近四百億台幣。目前政府目標為2025年裝置1.5GW之電池，在2030年增為5.5GW，費用超過2千億元，實在是天價。但前述2050年不穩定綠電裝置容量高達102GW，但電網胃容有限，大半需要儲能。如果要將原本「棄電」的綠電全部儲存，還要多開銷數兆元購買電池。

本人曾一再警告，以2050年淨零排放為目標的最大問題就是只好「不惜一切代價」的減碳。病急亂投醫，看到什麼減碳手段就不惜代價推動，儲能成本即為明證，問題是台灣人民能接受嗎？社會負擔得了嗎？

由中研院準備此本報告動員人數之眾，時程之長，可見中研院極為重視此報告提出之建言。但依本文討論，本建議書之考量恐尚有不足，仍有應予檢討之處。希望中研院有雅量接受各界意見。

本文發表於2023年1月9日

奔騰思潮：〈中研院能源建議書可行嗎？〉

5.6　台灣的無悔減碳政策

台灣能源政策目前面臨極為重要的挑戰：在全球減碳壓力下，台灣要如何應對？

首先要釐清一個觀念，所謂2050年達到淨零碳排是個國際大騙局。《巴黎協定》原先的目標是將全球溫升控制在攝氏2度，依聯合國去年發布的氣候變遷第六次評估報告，要達到此一目標，全球碳排應於2100年歸零。在《巴黎協定》時，全球各國都提出了自主減碳目標。其實即使各國都達到該目標，離2100年淨零排放還差得遠。但依目前評估，全球各國對達到自主減碳的階段性目標都遠遠落後。換句話說，2100年碳排歸零遙不可及。

但為何全球各國竟然以2050年作為淨零排放目標？因為《巴黎協定》雖以全球溫升2度為目標，但帶了一句話：盡量努力使全球溫升低於1.5度，而若要將全球溫升控制在1.5度，全球淨零碳排時程就要提前到2050年。2050年離現在還有近30年，全球政客樂得承諾自己不必負責兌現的支票，這也就是為何各國連遠為寬鬆的自主減碳目標都達不到，政客們仍勇於承諾2050年淨零排放的真正原因。

台灣政府不是不知道2050年淨零排放根本達不到，因為經過政府各部會絞盡腦汁，努力了幾個月，在2022年3月底六部會聯合記者會端出來的2030年減碳路徑根本慘不忍睹。各界紛紛指責該路徑根本是虛應故事，完全不可行。

2050年淨零碳排極端困難並不是台灣獨有的難題，全球都一樣。未來十年全球投入巨大資源，撞得頭破血流後，將發現全球碳排仍然增加，就不得不面對現實，放棄此一原本就達不到，自欺欺人的虛幻目標。

既然明知無法達成2050年淨零碳排，就不應將此目標入法，這絕對是搬石頭砸自己腳。蔡政府將明知達不到的目標寫入法律，是極為不負責任的政府。

但台灣面臨的情勢為：雖然世界各國也都知道2050年淨零碳排是個大騙局，但無人願意率先承認，全球就在這種無人願意說真話，無人願意指出「國王沒有穿新衣」的形勢下打迷糊仗，且戰且走。

針對目前的國際壓力台灣要如何應對？比方歐盟要徵收碳關稅，全球許多大企業都要求供應鏈廠商在一定年分達到零碳排，台灣也不能置之不理。

台灣未來十年減碳手段首重「無悔政策」，就是不要盲目推動將對本身造成重大傷害的政策，十年後全球放棄2050年淨零排放目標時，台灣發現自己白白推動太多極為昂貴，過於激進，造成嚴重自我傷害的政策就太晚了。未來十年台灣要由減碳成本效益角度推動成本較合理，即使十年後全球放棄2050年淨零排放目標，仍然值得推動的政策。

以碳關稅與供應鏈挑戰而言，首要觀察國際間主要競爭對手的國家減碳手段及進度如何，穩紮穩打，不必自亂陣腳，驚慌失措。說不定交關稅比盲目推動昂貴的減碳政策成本低得多。

但以無悔政策而言，最明顯的就是放棄「非核家園」政策。台灣有許多產業最大競爭對手就是韓國，但面對歐洲的碳關稅，韓國廠商就有絕大優勢。今日核電仍占韓國電力近三成，而台灣三年內將成為沒有核電的國家。換句話說，面對歐洲碳關稅，韓國廠商一開始就占了30％優勢，並且這優勢是台灣永遠趕不上的。蔡政府執政八年，以2兆元成本設置的風電及光電也不過提供台灣16％電力，但因再生能源不穩定的特性，花再多錢也無法提供台灣30％電力。

不止歐洲碳關稅，以供應鏈而言，南韓也是台灣最大競爭對手，這一方面台灣廠商面臨的壓力更大，因為已經不是可以用錢（如交關稅）可以解決的問題。

如何在實際上達不到但全球仍瘋狂衝刺的淨零排放的夾縫中求平衡，攸關台灣國運，正考驗台灣政府的智慧與勇氣。

本文發表於2022年5月25日
風傳媒：〈台灣的無悔減碳政策〉

5.7 蔡政府能源政策指標全跳票

2017年5月蔡總統上任一週年時，個人曾在寫過一篇〈蔡政府能源政策九大硬指標全部跳票〉的文章，並分兩次在《無色覺醒》節目錄影解釋。2019年5月蔡總統上任三週年，正是再度驗證九大硬指標進度的適當時機。

所謂九大硬指標是指2016年選前民進黨《新能源政策》中提出並由蔡政府照單全收，足以驗證蔡政府是否達成能源政策目標的九個數字。蔡政府能源政策有兩大目標：發展綠能（取代核電）及減少碳排，所以其硬指標也可分為綠能指標及減碳指標。

綠能硬指標有四項：

1. 太陽能裝置2000萬瓩（20GW）。
2. 地熱發電設置20萬瓩（200MW）。
3. 以綠電製氫後降溫液化輸往日本。
4. 再生能源提供20%電力。

減碳硬指標有五項：

1. 電力零成長。
2. 裝置智慧電錶每年節電100億度。
3. 以碳捕捉及封存（CCS）每年減碳1000萬噸。
4. 煤電占比降為30%。
5. 2025年減碳4000萬噸。

這九項硬指標也可依其現況分為兩類，一類目前即可斷言絕無可能達成，另一類為蔡政府不惜一切代價，仍努力妄想達成者。

以下六項為目前即可斷言絕無可能達成：

（1）地熱發電裝置200MW

地熱發電裝置20萬瓩（200MW）是蔡政府天方夜譚政策之一。茲摘取兩則與地熱發電有關的新聞：

去年中油及台電組成的「地熱國家隊」正式在宜蘭仁澤三號地熱探勘井「開鑽」，中油表示，此開發計畫預計2021年6月前分三期完成鑽探六口地熱探勘井，預估潛力至少有8MW。

2017年台電為了推動綠島低碳再生能源發電，看中了綠島海底溫泉有2千瓩（2MW）地熱發電資源，進行「地熱發電機組試驗性計畫」，開挖兩口溫泉井，原本預計今年底可以裝設一部2百瓩小型發電機組，上個月傳出這個試驗受阻，海底溫泉熱能不到120度的發電標準，無法發電。

蔡政府目標是裝置200MW地熱電廠，目前只有些容量極小，聊勝於無的示範機組，「地熱國家隊」的目標是在2021年完成8MW的「勘井」，是否會發生台電在綠島勘井發現溫度不足，無法發電的事件重演，誰也不敢說。就算成功也只有8MW，200MW目標也只能當笑話看。

（2）以綠電製氫後降溫液化輸往日本

國外推動氫能的主要原因在於希望藉氫氣大客貨車取代以汽油為燃料、需長途行駛的大客貨車來減碳。但蔡政府的大計是將台灣建設成為「氫燃料輸出國」，規劃以太陽能電解製氫外銷日本。自然界沒有氫礦，氫氣是種工業產品。國外多以化學方法製氫，電解製氫成本太高，很少人採用。要特別注意的是，國外是以價格低廉的煤電電解製氫，都無法與化學製氫競爭，今日蔡政府規劃以發電成本高於煤電3倍的太陽能電力電解製氫，之後還要花大成本將其降溫至零下253℃製成液態氫輸日，對成本毫無基本概念。目前以綠電製氫連影子都沒有，此項指標確定跳票。

（3）電力零成長

蔡政府將「電力零成長」作為能源政策目標的根本原因在於「減碳」。就算蔡政府達到增加400億度綠電以取代核電的目標，綠電占比20%也已達到屬獨立電網的台灣之綠電供電極限，任何用電成長都將由火力發電提供，碳排只會增加不會減少。為達到減碳目標，電力非零成長不可。但蔡政府上任三年來，用電年年成長。目前經濟部規劃到2025年每年平均電力成長1.86%，所謂「電力零成長」已提前破功。

（4）智慧電錶節電每年100億度

在2016年選前民進黨《新能源政策》提出裝置智慧電錶每年可節電100億度時，本人即指出每年節電最多20億度。能源局網站上《智慧電網總體規劃方案（核定本）》有一段：「智慧電錶布建後，依據相關時間電價試驗計畫之實驗結果，推估低壓用戶可節省3%用電，高壓用戶則節省1%用電。」

2017年全國住宅用電戶約1270萬戶，總用電量475億度。假設每年用電成長1.86％，2025年住宅用電550億度，節約3％約17億度，猶低於本人估計。該段中提及高壓用戶可節省1％也沒錯，但問題是高壓用戶老早就已裝設智慧電錶，新花1000億元為全國300萬用戶改裝智慧電錶全部是低壓用戶，300萬戶不到1／4的住宅用戶，花了這筆天文數字每年節省的用電量約4億度，約電力系統用電的0.15％，也頗符合蔡政府為了配合口號不計成本的一貫作風。不幸花了1000億元裝置智慧電錶，每年節電100億度仍然跳票。

（5）以碳捕捉及封存（CCS）每年減碳1000萬噸

多數人可能不知道什麼是碳捕捉及封存（CCS）。CCS是減碳方法之一，是在火力電廠加裝設備，將其發電排碳在排入大氣之前予以回收，並將其埋在深達數公里的合適地層下，永久封存。台電在數年前曾在彰濱工業區試挖3公里深的試驗井，後因地方民眾有疑慮，已全面停止。1000萬噸碳排約為台中三部機年碳排，以全球而言都是極具野心的規劃，不幸目前完全歸零。目標過於不切實際，確定跳票。

（6）2025年減碳4000萬噸

由以上電力零成長，以智慧電錶每年省電100億度及以CCS減碳1000萬噸三大硬指標全都跳票的情勢可知2025年減碳4000萬噸的目標絕無可能達成，必然跳票。實際數據顯示蔡政府就任以來之碳排年年增加。

另外三項則為蔡政府目前拚死拚活，不惜將全民拖下水，仍努力妄想達成之硬指標。

（7）太陽能裝置2000萬瓩（20GW）

太陽能能量密度太低，與核能發電及火力發電相較，發同樣度數的電要百倍土地，原本就不適宜在地狹人稠的台灣推廣。蔡政府規劃在全國百萬屋頂裝置300萬瓩太陽光電外，在地面要裝置1700萬瓩的太陽能，需要255平方公里的土地（與台北市面積相當）。裝置完成後台灣太陽能密度將為世界第二的德國4倍，每度發電成本將為所取代核電的4倍，每年發電成本1千億元。到2018年為止，太陽能裝置容量為284萬瓩，不到2000萬瓩15%，但蔡政府為達到其不切實際的目標，不顧人民死活，瘋狂地四處加建太陽光電設備，但達標只能說「很拚」。

（8）再生能源提供20%電力

蔡政府規劃2025年太陽能供電255億度，風電供電235億度，加上水電等，再生能源總供電617億度，占全部用電3016億度的20%。這是極具野心的計劃。2018年太陽能供電35億度，風力供電17億度，表示在六年內這兩者供電要增加近10倍，客氣地說「難度很高」。蔡政府推動再生能源主力是太陽能及離岸風電，上段已討論太陽能，本段討論離岸風電。

蔡政府推動離岸風電可說是能源政策中最鴨霸的一項，報章多有報導，在此不贅述。去年監察院都看不下去而正式發文糾正經濟部，蔡政府就是置之不理。離岸風電是每年發電成本近1千億元，二十年共進貢外商2兆元的賣國巨案。

（9）煤電占比降為30%

「減碳」是蔡政府能源政策除「非核」外的另一目標。其減碳的最主要手段就是以氣電取代煤電。將煤電占比降為30%，同時將氣電占比增為50%。減碳固然重要，但政府應先評估何種手段減碳才是最經濟合適的減碳方式，而不是如目前不計成本地以氣代煤減碳。以氣代煤減碳代價是每噸5000元，高於溫減法及歐盟碳交易價格10倍，是最無腦的減碳方式。增氣降煤的減碳方式每年增加發電成本也近1千億元。

結論

由以上討論可知蔡政府能源政策九大硬指標中有六項今日即可確定必然跳票[3]，另外三項則為蔡政府不惜每年花3千億元發電成本也要達標。可能讀者以為此數字太高，在此可與政府評估比較：依經濟部2019年3月4日在立法院經濟委員會之《因應公投結果能源政策評估檢討專案報告》顯示，政府預估2025年總用電量3029億度，電價漲幅0.84元，依此計算六年後每年發電成本增加2500億元，與本人估計相當，以

---

[3] 由今日（2024年）資料顯示，7至9項指標也必然跳票。結論是蔡政府針對能源政策的九項硬指標全部跳票。

全台860萬家庭計算，每家負擔增加3萬元。所以問題已經不是此三項可否達標，而是多花3000億元所為何來？

本文發表於2019年5月6日
奔騰思潮：〈天方夜譚的能源政策——蔡政府能源政策指標再檢視〉

第六章
淨零入法

◆

本章的三篇文章由不同角度大聲疾呼萬不可將不可能達成的2050年淨零排放時程納入《氣候變遷因應法》，但政府仍一意孤行將其入法。台灣今後只好「不惜一切代價」減碳以求「合法」了。

6.1　異想天開的溫減法修法

2020年有些國家提出所謂二氧化碳2050年淨零排放目標，個人就判斷國內環保團體必將有樣學樣，非要逼台灣也共襄盛舉，提出淨零排放目標。

果然如此，近日某專家撰文表示其配合立法委員及多個環保團體，提出《氣候變遷行動法》草案，明訂台灣在2050年時達到淨零排放，並獲得超過二十位立委連署提案。

該文重點為以下段落：依據其參與的研究，台灣要達到淨零排放，有三個關鍵數字。首先是30%，藉由積極的節能政策，促使台灣的能源需求量要比2015年時少30%；再來則是80%，行駛的運具有80%都要為非燃油運具；最後則是90%，電力結構九成以上都要來自於再生能源。

這些數字是千難萬難，遙不可及，但該研究員說起來是雲淡風輕。個人僅請教一個問題：「電力結構九成以上都要來自於再生能源」何意？是指電力系統裝置容量中再生能源占九成，還是說總發電度數中再生能源占九成？兩者有天壤之別。

以太陽能為例，若將全台灣3萬6千平方公里全部鋪上光電板，裝置容量可達3600GW，近百倍於目前台灣電力總裝置容量。再生能源裝置容量何止九成，甚至達到九成九。但問題是台灣夏天用電尖峰也不過37GW。電力不能大量貯存，要即發即用，所以即使裝置了再多的太陽光電也只有37GW可供電，是3600GW的1%，尖峰用電決定了裝置容量的上限。所謂占裝置容量九成毫無意義。

太陽光電等再生能源還有一個更大的問題是無法全天24小時發電，太陽能在夜晚就毫無功能。太陽光電全年發電時數全台平均約1000小時，再考慮電網無法承受全部由不穩定的再生能源供電，折半計算，37GW太陽光電每年約可發電190億度，為全台總發電量2700億度的7%。

由以上解說可知即使再生能源裝置容量占九成，提供的電力仍極為有限。這也就是在獨立電網的台灣，再生能源發電量（太陽光電加風力發電總度數）占比兩成就碰頂，廢核後另外八成電力將全部由火力發電提供，談什麼淨零排放？

錯誤的能源政策可怕的不只是目標虛幻，而是追求虛幻目標過程中社會付出的巨大代價。台灣能源政策如此不堪，主因為能源政策竟由一群傲慢自大、不知深淺，但能源知識「淨零」的外行學者與環保人士主導所致。

本文發表於2021年1月11日
奔騰思潮：〈異想天開的溫減法修法〉

6.2　零碳入法，懸崖勒馬

2021年9月，報載「全球已有130個國家承諾在2050年達到溫室氣體淨零排放，台灣尚未承諾，引起批評，行政院長蘇貞昌指示將在《氣候變遷因應法》納入2050年淨零排放承諾。」個人讀了這則新聞不禁嘆息：蘇貞昌到底知不知道自己幹了什麼？

首先根本沒有所謂130個國家承諾2050年淨零排放之事。IEA在7月分出版了一本報告《2050淨零排放——全球能源界之減碳途徑》。該報告第一章即指出，到2021年4月底為止，除歐盟外，全球共有44個國家承諾2050年溫室氣體淨零排放。全球國家總數超過200個，報告明指只有20％國家作此承諾。該報告進一步指出，在提出承諾的44個國家中，只有四分之一，也就是只有11個國家將此承諾納入法律。

蘇貞昌到底在幹什麼？衝衝衝，不但要承諾2050年淨零排放，還要害台灣成為全球僅有5％將此承諾入法的國家？

到底在衝什麼？在全球節能減碳蔚為風潮的今天，為什麼只有20％國家在如此大的國際壓力下作出淨零承諾？為什麼作出這樣承諾的國家也只有四分之一將其入法？理由很簡單：根本做不到！

IEA由30個OECD國家成立，是全球最大的能源智庫，上述七月分出版之報告即以詳細數字勾勒全球真要在2050年達到溫室氣體淨零排放的路徑及階段性任務。

該報告兩百餘頁，範圍極廣，但只要看重點即知所謂2050淨零排放絕無可能。本文即集中於大家較為熟悉的電力及車輛兩項，並主要討論2030階段性任務。2050年距今不過三十年，真要達到淨零排放，未來十年極為重要，如果2030年目標無法達成，2050年就根本免談。

其實該報告一開始的假設就有問題，該報告一開始即假設2020年全球碳排達到峰值，2021年之後逐年下降。但2020年因新冠疫情，全球發生嚴重經濟衰退，碳排較2019年降低了近6％。2021年疫情趨緩，碳排立即回升，雖然未必會回到2019年數字，但碳排絕對高於2020年，IEA的第一個假設就破功。

目前全球仍有八億人無電可用，IEA不能說為了減碳不管這八億人，所以目標為2030年這八億人都用上了電，十年後全球GDP增長40％。雖說多了八億人用電，經濟也大幅成長，但全球能源使用降了7％。IEA在說天方夜譚嗎？

針對2030年IEA還有幾個重要指標：2020年全球再生能源裝置容量創歷史新高達到250GW（為全台電力總裝置容量57GW之4.4倍），2030年裝置容量要增加4倍為1000GW。2020年全球火電供電61％，再生能源（含水電）供電29％，2030年要翻轉為火電供電25％，再生能源供電61％。火力電廠碳封存（CCS）當然要全力推動，輸送二氧化碳管線建設金額要由現在的每年10億美元增加40倍為每年400億美元。

去年全球新車銷售中電動車銷售約3百萬輛，2030年要增加18倍為5千6百萬輛，占當年新車銷售60%。鈷、鋰等稀土元素產量增加7倍，總銷售金額高於今日煤炭之銷售金額，2035年新車全為電動車。2030年車用電池產量要達今天40倍（圖6.1）。有任何人認為這些目標達得到嗎？

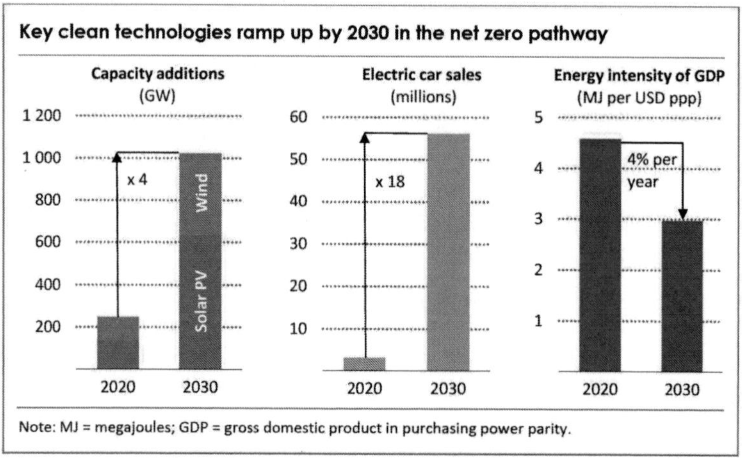

圖6.1　2030年清潔科技成長

資料來源：IEA，國際能源總署

（彩圖詳見頁161）

最後談一下2050年的展望，2050年全球人口將較2020年增加二十億人，全球GDP及用電增加3倍，但全球能源使用較2020年降低8%，個人實在看不懂這些臆語。

IEA這本報告說穿了就是明白指出2050年淨零目標絕無可能。台灣溫減法目標及INDC目標也從未提出詳細減碳途徑，草率承諾，必然均將跳票。2050淨零排放是嚴苛百倍的目標，經濟部及環保署切不可重蹈覆轍，為迎合上級閉著眼睛作業。

能源政策對國家影響極為深遠，目前蔡政府的能源政策對台灣已經造成極大傷害。任何有責任感的政府官員都應參照IEA報告，在將淨零排放入法前，向全體國民提出所謂2050年淨零排放路徑。

本文發表於2021年9月8日

風傳媒：〈零碳入法，懸崖勒馬〉

6.3 橫柴入灶的淨零入法

今天報載李遠哲說目前政府「淨零碳排路徑」方向錯誤，2050年淨零排放不可能達成。其實這並非李院長獨得之祕，早為許多國內能源界人士指出。但李院長淨零碳排的妙招是放棄以GDP成長為目標，而由製造、生產及消費端全面減碳。李院長的想法似乎太理想化，全球兩百餘國，有任何國家依李院長的激進招數減碳嗎？

李院長指出女王沒有穿新衣，但問題是女王自己不知道，還要將2050年淨零排放納入《氣候變遷因應法》，渾然不知將無法達成之減碳目標入法所將造成的嚴重後果。

將2050年淨零排放入法表示全國要拚盡全力達到「合法」的目標。法律不能打折，沒得商量，在法律面前，減碳成本根本不應納入考慮因素，不能說因為減碳很貴，達不到淨零目標而「違法」。台灣目前已經完全落入此一「不惜一切代價減碳」的陷阱。

國際上有所謂「碳稅」，碳稅是如何計算？說白了是由估計每單位碳排造成的損失所決定。美國政府估計如果實施碳稅，每公噸約40美元，1200台幣。但美國並沒有實施碳稅，世界上實施碳稅或對碳排定價的國家，多半遠低於此一數字。以新加坡為例，即訂為每公噸500元台幣。

即使以美國估計的碳稅計算，燃煤發電每度碳稅約為台幣1元。換句話說，若綠電每度電費較煤電不高於1元，就值得推動。2017至2022年間台灣煤電成本每度約1.5元，但政府大力推動的太陽光電與離岸風電等綠電每度平均成本約4.5元，表示在台灣以綠電取代煤電不合成本效益。但減碳掛帥的政府，從來不算這筆帳，無怪乎電價上漲3000億元指日可待。

太陽光電與離岸風電等綠電其實是相對便宜的減碳手段，但單單綠電遠遠不足以承擔淨零碳排的重任，政府只好大力推動其他減碳手段，問題是這些手段是一個比一個貴。

日前報載台灣將成為繼美國及加拿大之後全球第三個以碳捕捉方式達成每年減碳百萬噸的國家。歐洲國家減碳最為積極，為何歐洲國家並未推動如此大規模的碳捕捉計劃？還不是成本考量？這只是台灣為了達到減碳目標已到了「不計一切代價」的一例。

碳捕捉僅是一例，政府目前大力推動的氫能，深層地熱、智慧電錶，哪一個不是要花天文數字但減碳成效有限的計劃？政府從未向民眾披露這些技術是否成熟，減碳成本及減碳時程等重要資訊。因為在淨零碳排成為法律的情勢下，這些都可以不予考慮。

廢核已是能源政策的重大錯誤，淨零排放入法是更為粗暴，將造成更嚴重後果的橫柴入灶能源政策。

本文發表於2022年10月1日

中國時報：〈橫柴入灶的淨零入法〉

第七章
國際情勢

◆

本章將視野擴大到國外。減碳是歐美先進國家大力推動，但斷送了開發中國家經濟發展及人民脫貧的希望。頭兩篇文章即討論此一不幸現實。第三及第四篇指出何以美國無法達成其減碳承諾。第五篇討論日本並未隨波逐流而採取務實策略，台灣應該效法。

7.1　氣候帝國主義

今日氣候變遷成為全球顯學，全球各地天災及減碳報導無日無之。政客媒體無不為其搖旗納喊，但絕大多數人完全不知道目前西方國家推動的氣候政策對開發中國家極不公平，完全可以稱之為氣候帝國主義。

《巴黎協定》訂定了極為嚴苛的溫升目標，在此一目標下，大氣中可以容納的碳排嚴重受限，在強力減碳壓力下，首當其衝的就是燃煤電廠。

美國拜登總統上台後，任命前國務卿凱瑞（John Kerry, 1943-）為美國氣候大使。凱瑞風塵僕僕與全球各國共商減碳大計。目前中國為全球最大碳排國，當然被美國視為頭號目標。凱瑞已兩度造訪中國討論減碳。凱瑞第一次造訪中國時，提出的要求即為中國金融機構不得提供國外貸款新建燃煤機組。這要求合理嗎？

全球瘋狂推動減碳者，都有一個極大的盲點。這些人都住在先進國家，享盡廉價化石能源帶給文明社會的好處。但這些人不僅不知能源轉型極為困難，也完全忘了世界上還有八億人無電可用。要拯救這八億人脫離極端貧困落後的生活，提供穩定價廉的能源是最基本的條件。不幸氣候極端分子大力推動的太陽能及風能均靠天吃飯，根本無法提供穩定的能源。

非洲大陸煤礦儲量豐富，天然氣資源稀少。能夠提供廉價燃料，幫助人民脫貧的唯有燃煤發電。非洲及其他落後地區由中國金融機構取得建設新燃煤電廠貸款，成為其獲得穩定價廉電力的唯一途徑。但今天西方世界，為了減碳抗暖，全面停止對新設燃煤電廠貸款，完全斷絕了身陷極度窮困的八億人脫貧的任何希望。「犧牲非洲救地球」這種說法還真不是空穴來風。

個人感覺中國也深受西方國家蠱惑，承諾2030年碳排達峰值，爭取2060年淨零排放。美國將氣候政策與地緣政治一鍋煮，凱瑞第二次到中國即要求中國將淨零排放目標提前十年到2050年。

為了減碳，中國不但已大幅減緩國內燃煤電廠建設，近日又大幅度削減鋼鐵生產。一方面再生能源撐不起中國，盲目減碳，經濟成長必將減緩甚至停滯，失業增加，正中美國下懷。另一方面中國城鎮化比率依然偏低，未來仍將有數億農民進城，住房需求極大。今日為了減碳讓鋼鐵減產，鋼筋與鋼材等建築材料價格必然上漲，導致房地產上漲，深化社會矛盾及不安，不利社會和諧發展。

2021年7月分IEA出版了一本報告《2050淨零排放——全球能源界之減碳途徑》。暫不提該報告一廂情願、天方夜譚似的減碳路徑，單看該報告規劃2050年全球電力展望即令人深感不安。IEA乃先進國家OECD成立之國際最大能源智庫，其電力規劃極為不公（圖7.1）。

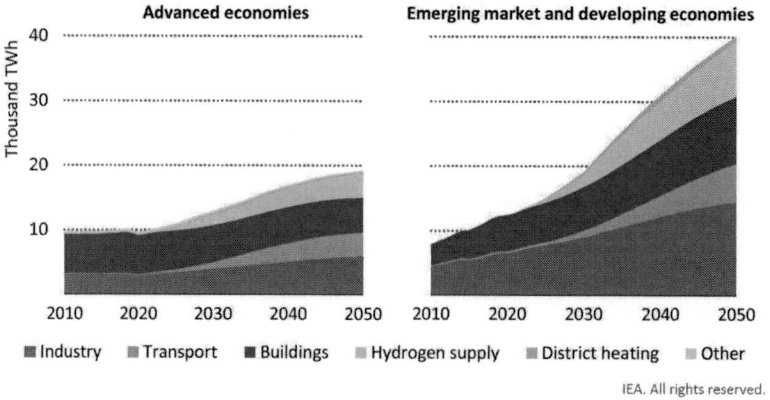

圖7.1　已開發與開發中國家用電

資料來源：IEA，國際能源署

（彩圖詳見頁162）

該報告將全球電力消費分為先進國家與發展中國家。2020年先進國家人口14億，電力消耗10兆度。發展中國家人口64億，電力消耗13兆度。每年人均用電，先進國家7000度為發展中國家2000度的3.5倍，此乃過去歷史發展所造成，雖然不公，也無可奈何。

但報告中規劃2050年碳排歸零時之全球電力消耗令人極為詫異。2050年先進國家人口未成長維持14億人，但電力消耗倍增為20兆度。發展中國家人口增加20億成為84億人，電力消耗增為40兆度。每年人均用電，先進國家14000度仍為發展中國家4700度的3倍，這就令人難以接受。以往歷史造成的不公也就罷了，吾人總希望未來世界能趨於公平，但依IEA規劃，30年後的世界仍極為不公平。先進國家永遠先進，落後國家永陷貧窮。誇張的是IEA公然如此規劃未來世界，好像本該如此，不以為有什麼過錯。

目前暖化災難被極度誇大，《巴黎協定》目標訂定溫升目標為1.5攝氏度及2度過於嚴峻，有很大的檢討空間。諾貝爾經濟獎得主，耶魯大學諾得豪斯教授被尊為氣候經濟學之父，根據諾氏獲得諾貝爾獎之氣候經濟模型的成本效益分析，諾氏建議以攝氏3度作為溫升目標方為正確。

先進國家已高度發展，社會富裕，節能減碳較易達成。但許多開發中國家仍極為貧窮落後，正有待大量使用穩定價廉的化石能源以達成脫貧目標，那有什麼節能減碳空間？但一樣被西方國家趕鴨子上架承諾減碳。

今天全球溫升主要乃因歷史上西方國家碳排所造成，目前北美及歐洲國家在大氣中的二氧化碳各都超過1／4，中國累積碳排只有美國一半。在上世紀末簽署《京都議定書》時還強調「共同，但有區別的減碳責任」，與目前不談歷史責任，強力要求各國在規定年限達到淨零碳排目標，對追求世界公平而言，遠較《京都議定書》時代為退步。

不提本身為歷史上碳排罪魁禍首，堅持極為嚴苛之增溫目標，阻擋落後國家赤貧人口脫貧，目前西方世界主導的全球減碳完全是種氣候帝國主義。

本文發表於2021年9月13日
奔騰思潮：〈氣候帝國主義——忽視發展差距的減碳瘋〉

7.2　何不食肉糜的氣候峰會

第26屆氣候峰會COP26於2021年10月31日至11月12日在蘇格蘭格拉斯哥舉行。此次峰會極為重要，因為氣候峰會原本每年定期舉行，但2019年COP25在西班牙馬德里舉行後，因疫情影響，並未再舉行氣候峰會，2021年峰會終於舉行，本來就比較重要。

另外此次峰會不比往年，在過去一年中，除歐盟外，有近50個國家承諾2050年達到淨零碳排，甚至中國都承諾「爭取」在2060年達成淨零碳排。全球都極為關注在COP26是否可在《巴黎協定》基礎上訂定更積極的減碳目標供全球遵循。

但其實對減碳最熱衷的都是歐美先進國家，不要說開發中國家心不甘情不願，就是許多已開發國家都是趕鴨子上架。能源與經濟發展無法切割，今日大力鼓吹節能減碳的先進國家，在經濟發展階段，無一不受惠於化石能源。

但今日造成全球暖化大氣中累積的二氧化碳超過六成

為北美及歐洲所排放。其中美國一國即占25%，西歐也占22%，目前推動減碳最積極的西歐及美國正是造成目前全球暖化的罪魁禍首。但今日人均GDP達5萬美元的兩地，竟以各種手段威脅利誘其他國家減碳。自身經濟高度發展，反過來不准其他國家發展經濟？

其他國家也不傻，即以金磚四國BRIC為例，俄國總統普丁、中國大陸國家主席習近平和巴西總統波索納洛都已宣布，不會出席COP26。印度莫迪雖說與會，但印度在《巴黎協定》之國家自主貢獻目標（INDC）其實是大量增加碳排。印度目標為2030年較2014年單位GDP之碳排減少三成，但印度目標為這十五年間GDP增加4倍，表示碳排其實會增加近3倍，印度還真聰明，沒有輕易上當。

全球經濟最落後，能源基礎建設也最落後的正是被稱為「黑暗大陸」的非洲。全球目前仍有八億人無電可用，多數即在非洲。扣除南非，其他非洲國家的總用電量尚低於台灣。非洲國家是最需要大力發展能源的地區，建設能提供穩定價廉電力的火力電廠更是重中之重。但非洲國家的命運多舛，在發展經濟脫貧的當口竟然遇到全球瘋狂節能減碳。

歐美國家反對非洲國家建設任何火力機組，大力鼓吹非洲國家擁抱沒有碳排的光電及風電。從某個角度而言，可提供穩定電力的火力機組可說是飯麵等主食，不穩定的綠電只能當點心。歐美國家鼓勵非洲放棄主食，只吃點心是現代版的「何不食肉糜」。

非洲國家再也無法忍受歐美國家「犧牲非洲救地球」政策。烏干達總統Museveni投書《華爾街日報》，抗議歐美國家強加綠電於非洲國家，嚴肅聲明非洲國家必須發展火電才能脫貧，十分憤怒許多國家不再提供建設火電貸款。個人深表同情，也認為這是非洲國家的共同心聲。

應付暖化有兩大手段，一為減少碳排，一為增加人類適應能力。發展經濟正是開發中國家增加適應能力的不二法門。歐美國家「何不食肉糜」的政策可以休矣。

本文發表於2021年10月29日

風傳媒：〈何不食肉糜的氣候峰會〉

7.3 由氣候峰會看大國博奕

2021年氣候峰會COP26舉行兩週後已盛大閉幕。全球暖化，氣候變遷是世人極為關注的議題，所以每次大拜拜式的氣候峰會都吸引極多國家元首親自出席。

本次氣候峰會美國拜登總統親自參加，中國國家主席習近平並未出席。這就給拜登抓到小辮子，在演說時大力抨擊中國碳排最多，為全球暖化罪魁禍首，也抨擊中國不關心減碳，連元首都不出席峰會。

目前中美競爭極為激烈，落入所謂修昔底德陷阱，美國以各種手段不遺餘力打壓國力第二的中國。拜登以全球矚目的氣候峰會為舞台，強力抹黑中國也並不令人意外。

沒錯，今日中國排碳全球第一，每年碳排幾乎為美國一倍。但毋忘中國人口為美國4倍，所以以人均碳排而言，美國人均碳排仍為中國一倍。但暖化並非由於目前碳排所造成，全球暖化乃因百年來人類在大氣層中的累積碳排大幅增加所致。目前大氣中累積之碳排1／4為美國所排放，所以以人均累積碳排而言，美國是中國8倍。拜登何以故意避談此一事實而對中國窮追猛打？

美國人均碳排與同為已開發國家的歐日相較，也高出一倍。一方面美國家庭住宅面積遠超歐日，消耗極多冷暖氣。另一方面美國人均擁有汽車數量也超過歐日，人均駕駛里程更遠高於歐日，消耗大量汽油。美國其實有非常大的節能減碳空間。

但二十年前，美國拒簽《京都議定書》，數年前川普總統又退出《巴黎協定》。美國在全球抗暖紀錄其實劣跡斑斑。本次氣候峰會有一重大議題：先進國家承諾在2030年不再使用燃煤發電，美國又拒絕承諾。拜登雖將美國淨零排放目標訂在2050年，但拜登將電力無碳目標訂為2035年，其階段性目標為2030年無碳電力占比80%，火電占比由今日60%降至20%。今日美國火電中燃氣發電占比已高於燃煤發電，若2030年火電占比降為20%，煤電歸零豈不是最起碼的要求？連此一最簡單的目標都無法承諾，個人極端懷疑美國減碳目標是否壓根就是自欺欺人？

美國在世界舞台每每不忘大國博奕，強力指責中國之時，為何不虛心檢討本身碳排？這不是想奪回世界減碳主導權的美國至少該做的嗎？

本文發表於2021年11月15日

中國時報：〈氣候峰會的大國博弈〉

7.4　恭賀拜登但其能源政策必將跳票

2020年11月3日美國總統大選，全球屏息以待。雖說只是單一國家選舉，但美國為世界首強，美國總統對國際事務有極大的影響力。這次大選更為引人注目是因為全球各國實在受夠了川普。川普不按牌理出牌，四年來橫行國際，對國際秩序造成重大衝擊與破壞。對各國而言，過去四年簡直是場惡夢。此次拜登當選，各國雖不願表現得過於狂喜，但暗地裡無不額手稱慶。

拜登此次選舉策略主打疫情與個人特質，在競選過程並未特別強調其他政策。但民主共和兩黨對許多政策本來就執不同立場，如全民健保、政府赤字、稅收增減、基礎建設、中美貿易等，近年兩黨在氣候及能源政策也是針鋒相對，拜登政見仍不脫民主黨理念。

以氣候及能源政策而言，共和黨不認為氣候變遷對人類是重大威脅，認為化石能源（煤、油、氣）雖有碳排，但為經濟發展不可或缺。反對採取過激手段「能源轉型」以再生能源取代化石能源。

反之民主黨一向認定氣候變遷及全球暖化為人類重大威脅。對化石能源深惡痛絕，欲去之而後快。拜登之能源政策即依此思路制定。拜登能源政策目標為美國在2035年達成無碳電力，2050年更要達到無碳能源。既然如此仇視化石能源，當然主張限制近年在美國大行其道的頁岩油及頁岩氣的發展，拜登並承諾在未來四年將花2兆美元推動再生能源。

乍看之下拜登能源政策十分「政治正確」，共和黨氣候及能源政策不合時代潮流。其實正好相反，共和黨政策十分務實，拜登政策不切實際，一廂情願。

先討論2035無碳電力是否可行。2019年美國用電超過4兆度。63%來自火力電廠，20%來自核電，18%為再生能源。再生能源中水力與風力各約7%，太陽能與生質能各約2%。

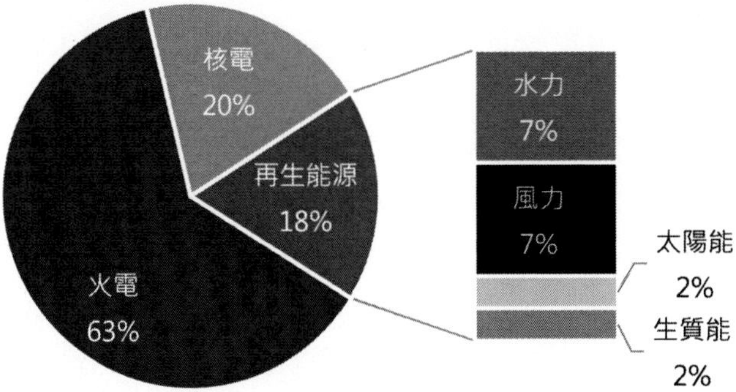

圖7.2　2019年美國用電來源

美國目前幾乎沒有新建核電機組，2035年一半以上核電將除役。屆時核電占比將低於10%，如果全面非碳，目前占比63%的火電將全數歸零。換句話說，距今不過十五年的2035年，美國約75%的電力缺口要靠發展二十年但目前占比不到9%的風力及太陽能補上，可行嗎？

風力及太陽能靠天吃飯，這導致兩大問題：第一是發電不穩定的間歇性問題，第二是每日發電時數受限，容量因數低落，產生最大裝置容量與全年發電時數的矛盾。此兩大問題導致獨立電網無法100%依賴綠電。世界有些地區不時有綠能提供100%電力的新聞，但這些區域的電網都是更大電網的一部分，當本身綠電不穩時，由大電網中其他地區的傳統電力補上救急。全球沒有任何獨立大電網有全部綠能的實績。

當然有人說可以用儲能解決綠能不穩的問題，但問題是儲能價格不菲。以特斯拉電動車而言，可儲200度電力的電池售價超過3萬美元，近百萬台幣。電動車200度電即足以行駛頗長距離，但以電力公司而言，那可是零頭的零頭的零頭。全球沒有電力公司依賴電池大量儲能。目前全球最大電力公司電池設備是特斯拉在南澳電力公司所設置，但其主要作用在調頻而非儲能。

美國用電目前仍年年成長，但每年也有許多老舊電力機組屆時齡退休除役。所以美國目前及未來數年均已規劃年年都有新的火力機組完工以應付電力需求。以燃氣機組而言，經濟壽命三十年。2035年無碳電力表示今年及未來數年完工的機組在十五年甚至十年內都要退休除役，因縮短折舊年限，電價將立即飛漲，拜登想過這類問題嗎？

在2050達到無碳能源是更大的挑戰，表示不但電力無碳，交通也全部無碳，人類要與石油說再見。目前雖有電動車，因價格仍然高昂，2050年占比多少有很大的疑問。目前沒有電動飛機及電動船艦。有位國防專家提醒拜登，美國陸海空三軍戰鬥行動完全依靠石油。不說別的，為與中共海軍抗衡，美國規劃未來十五年海軍將增加近百艘各型軍艦，全部依賴石油為動力，該國防專家指出無碳能源無異於自我解除武裝。

許多人不了解，與電子技術不同，能源技術進步緩慢。今日提供人類八成電力的汽輪機與九成汽車動力的內燃機都是百年前已發明，百年來技術精進集中於提升效率。但每次技術攻關、技術突破都耗盡人類智慧，艱苦卓絕。另一方面能源基礎設施投資金額龐大，使用及折舊年限極長。以石油產業而言，全球鑽油設備，煉油設備及輸油設備總投資超過

5兆美元，是人類經數十年努力才逐漸建成。為因應石油需求成長，全球目前正在施工的巨型建設更不知凡幾，何能輕言全面廢棄？

能源轉型時程極為漫長，至少以一個世代三十年計算。煤由1840年提供全球能源5%起算，六十年後占比50%。油由1915年提供全球能源5%起算，六十年後占比40%。天然氣由1930年提供全球能源5%起算，六十年後占比30%。綠能與化石能源相較，有其先天之缺陷，要提高其在全球能源占比，難度更大。意圖在三十年時光以無碳能源全面取代化石能源是違反人類使用能源歷史經驗的幻想。

在美國歷史上意圖以政治力量加速能源轉型的例子不少，但都以失敗告終。1980年代全球發生第二次石油危機，卡特總統在白宮屋頂裝設太陽能，並宣布2000年時，太陽能將提供美國20%電力，但2000年太陽光電供電不及0.1%。小布希總統2003年在國會發表國情咨文時，大力提倡「氫經濟」，聲稱2020年氫氣車將成為主流車輛，結果如何？加州政府在1990立法規定，2000年在加州銷售的新車必須有10%為零碳排，但也灰頭土臉地以失敗收場。

科技是否成熟決定人類減碳進度，不以政治幻想為依歸。拜登雖然當選總統，但是否能順利執行其「綠色新政」其實有很大的疑問。首先，美國各州電力公司及巨型石油公司均為私營，並非總統可任意左右。其次此選舉結果共和黨似仍將掌握參議院。個人不認為拜登2兆美元天價的綠能投資，及阻撓使美國成為能源自主的頁岩油氣發展等無厘頭政策，可以在共和黨掌控的參議院過關，個人認為拜登的能源政策必將跳票。

個人十分欣慰並恭賀拜登當選，世界需要一個較正常的美國總統。但並不表示個人對拜登的所有政策照單全收。台灣民眾對政治議題與經濟民生議題不應混為一談而應予以切割，理性思考。

本文發布於2020年11月12日

奔騰思潮：〈恭賀拜登但其能源政策必將跳票〉

7.5 減碳？日本聰明，台灣傻

在今日台灣，減碳抗暖已成天條，不但媒體上減碳相關新聞無日無之，甚至2050年淨零排放已正式入法。政府更編列9000億元預算在2023年至2030年推動「淨零轉型」相關計劃，這還不包括私部門數兆元的太陽光電及離岸風電投資。減碳抗暖對台灣將造成極為深遠的影響，本人在〈淨零排放路徑必跳票〉文中有詳細說明。

政府及台灣媒體非常喜歡引用激進減碳的歐盟國家能源轉型政策，但極少報導台灣近鄰，通常政府及媒體最愛參考學習的日本之減碳措施。本文將填補此一空白，希望台灣社會知道日本情況後頭腦可以清醒些。

先介紹日本電力公司情況。日本有十家地方性電力公司，由北往南分別為北海道、東北、北陸、東京、中部、關西、中國、四國、九州及冲繩。一家全國性電力公司J-Power，其前身為電力開發株式會社。一家為東京電力與中部電力合資成立，將兩家公司的火力電廠移往之橫須賀電力公司，總共十二家。

這些日本電力公司均為股票上市的私營企業，反之台電則為國營企業。台電不能與政府有不同意見，但日本與美國的私營電力公司，規劃就較為務實，不必隨著政府天方夜譚的減碳政策起舞，此點非常重要。

個人之前有多篇文章指出政客們信口雌黃，承諾本身不必負任何責任的2050年淨零排放絕不可能達成。此一結論並非個人獨得之祕，有實務經驗的能源界人士無人不知。日本政府「順應」世界潮流提出2050年淨零排放的承諾，日本電力公司並不買單，各電力公司提出的減碳承諾遠為保守。

碳排完全可以由電力結構計算得知，所以由各電力公司規劃未來之電力結構，即知各公司之減碳承諾為何。最主要的發電方式不外乎煤電、氣電、核電及綠電四種，電力結構即為此四大發電之占比。此四種發電方式中，煤電及氣電會排碳，核電與綠電則為無碳能源。要減碳就必須減少前二者之配比，增加後二者的配比。

台灣政府規劃是一方面廢除核電，大力增加綠電，另一方面是停建煤電，大力發展綠電。吾人可參考日本電力公司對此四種發電方式之規劃。

綠電

日本各電力公司對綠電並不熱衷，這些電力公司裝置容量占日本70%，所發電力更高達80%，總火力裝置容量高達148GW，但只有2GW綠電，約日本綠電裝置容量10%。各電力公司對新增綠電也很保守，2030年全部新增綠電約10GW，遠低於政府規劃。

核電

日本電力公司主要減碳手段是重啟核電及核電延役。但目前各電力公司希望重啟的三十三部核電機組中，只有十部取得重啟執照。除了沒有核電的沖繩電力公司，其他九家地方電力公司及J-Power都規劃重啟核電。

東京電力、東北電力、九州電力、中國電力及J-Power除了寄望核電重啟外，甚至規劃興建新的核能機組。中部電力、關西電力及九州電力也規劃增建小型模組核能機組SMR。各公司規劃2040年之核電裝置容量與綠電相同，但因核電容量因數（每年發電時數）為綠電6倍，核電所提供的無碳電力亦為綠電的6倍，核電是各電力公司承諾減碳最重要的支柱。但核電是否能如願重啟及新建要克服許多法律及政府政策的挑戰。

煤電

福島核災前煤電及核電原本即為日本基載電力兩大支柱，核災後核電機組全面停機，日本陷於限電危機，煤電對供電益形重要，日本電力公司都更為依賴煤電，不願如其他國家承諾全面禁用煤電日程。日本電力公司都朝向保留煤電但降低煤電碳排方向努力。降低煤電碳排之手段不外乎混燒氨氣、規劃設置碳捕捉及封存CCS設備。但CCS技術仍不具經濟效益，十分依賴尚未成熟的新科技，日本電力公司對增設時程似乎過於樂觀。

氣電

福島核災後，日本喪失全部原為基載電力的核電，作為基載電力的煤電原本就全天候運轉，日本只好大量增加進口液化天然氣，將原本提供中載電力的燃氣電廠作為全天候提供電力的基載電力。

但日本各電力公司期待核電全部恢復，提供無碳電力，不像台灣將降煤增氣作為主要減碳手段，並未規劃增加太多燃氣機組。台灣規劃在2030年增加十八部大型燃氣機組，日本目前規劃十二部燃氣機組，並且主要還是取代除役的老舊機組。

由日本各電力公司對綠電、核電、煤電及氣電之規劃即知減碳實為有限，事實也是如此。日本政府宣稱2030年全國碳排將較2013年減少46%，電力部門更要減少62%。與2020年相較，2030年電力部門要減碳44%，但依電力公司規劃，2030年與2020年相較將減碳22%，只有政府規劃的一半，並且主要還是依賴核電重啟提供大量無碳電力。

由日本電力公司的電力規劃，似乎對減碳十分意興闌珊，根本未將政府2050年淨零排放承諾當一回事，何以至此？如個人於第八章〈2050年淨零無望，解讀IEA報告〉的三篇文章中指出，有實務經驗的能源界人士無人認為2050年淨零碳排有任何機會達成。也不必等到2050年，再過數年即知2030年階段性目標一定無法達成。日本電力公司務實規劃的無悔減碳計劃很值得台灣學習。

發表於2024年3月11日

奔騰思潮：〈減碳？日本聰明，臺灣傻〉

第八章
解讀IEA報告

◆

本章詳細解說IEA的減碳報告。IEA於2020年及2023年分別出版了兩本報告討論2050年淨零排放的階段性目標。本章第一篇討論2020年報告。第二至第四篇則分三篇針對「傳統能源」、「新興能源」及「虛幻政策」討論IEA 2023年報告，並明確指出依該報告，2030年階段性目標絕對無法達成。

8.1　碳排歸零——國王新衣

近日2050年碳排歸零成為一個非常夯的題目，目前全球有8個國家（包括英德法三國）將此列為法定目標，有7個國家正在立法中，另有11個國家將此一目標列入政策白皮書，這20多個國家多為歐盟成員國。

亞洲國家也未遑多讓，日韓兩國也在近日分別宣布將以2050年達到碳排歸零列為國家目標。當然最重要的就是即將就任美國總統的拜登也宣布美國將於2050年達到碳中和目標。

本月初台灣被國外環保團體列為減碳後段班。看到外國紛紛將2050年碳排歸零列為國家目標，許多國內環保團體、環保人士也指責依我國溫減法目標2050年碳排降為2005年之半，與國外相差太遠，應急起直追。

2050年距今三十年，個人每看到政客們承諾三十年後的目標就不禁失笑。三十年後有哪個政客還在台上？三十年後承諾跳票，目前信誓旦旦的政客要負什麼責任？

2050年碳排歸零到底是多嚴苛的目標，不但一般人，就是政客都完全不了解。目前全球較為人知的三個減碳目標，第一個是《巴黎協定》中各國承諾的減碳目標（政策目標），第二個是聯合國永續發展目標的減碳目標（永續目標），第三就是2050年碳排歸零的目標（無碳目標）。這三個目標一個比一個嚴苛。

與2015年全球碳排340億噸相較，上述三個減碳目標，在2030年的碳排目標分別為370億噸、270億噸及200億噸。大家可能會奇怪何以《巴黎協定》政策目標碳排不減反增，理由是並非所有國家都立即減碳。中國承諾2030年碳排達到峰值，表示到2030年前碳排是年年增加，這也是何以依政策目標減碳，2030年全球碳排將高於2015年，即使全部國家都達到政策目標，全球溫升也將高於攝氏2度之故。但要特別留意，到2019年為止，幾乎所有國家都沒有達到《巴黎協定》之政策目標。

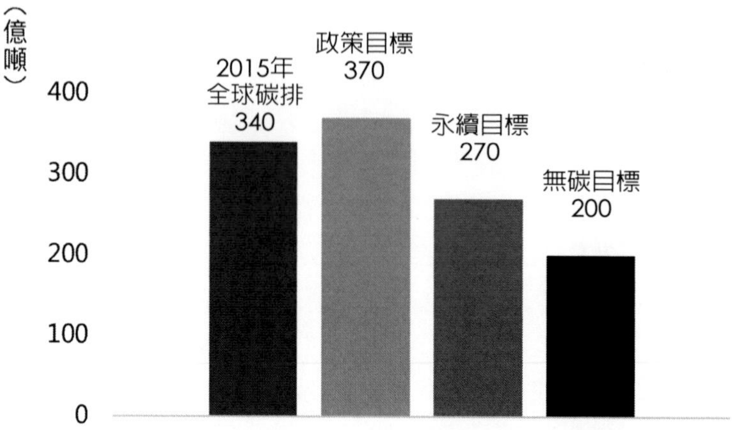

圖8.1　三個減碳目標在2030年之碳排目標與2015年全球碳排對比

永續目標之減碳量遠高於政策目標。若達成永續目標，全球溫升可望低於攝氏2度而為攝氏1.8度。各國連《巴黎協定》的政策目標都達不到，更不可能達成永續目標的減碳量，但如依永續目標減碳，2075年才達到碳排歸零。

2050年碳排歸零當然遠較永續目標之2075年碳排歸零目標為困難，但奇妙的是各國連《巴黎協定》的政策目標都跳票，何敢一步登天承諾2050年碳排歸零之無碳目標？理由也非常簡單，2050年遠在天邊，支票跳票是30年後之事，沒有一個現在在檯面上的政客要負任何責任。

總部設於巴黎的IEA深知所謂2050年碳排歸零極為困難，在近日出了一本報告*Achieving net zero emission by 2050*（如何達到2050年碳排歸零目標）。該報告十分特別，集中討論真要達到2050年碳排歸零，2030年應達到的「階段性目標」。2030年距今不過十年，各國能源政策規劃也至少十年，將2030年的「階段性目標」與各國能源政策歸劃對照即知2050年碳排歸零是否玩真的。該報告列出2030年各項階段性指標如下：

- ◆ 2030年全球碳排比2010年減少45%。
- ◆ 2030年全球經濟規模較2006年倍增但能源使用量降回2006年水準。
- ◆ 2030年用煤量較去年減少60%，降回1970年代水準。
- ◆ 煤電基本歸零。
- ◆ 再生能源由去年27%（主要為水力及生質能）在2030年成長為60%（太陽能及風力為主）。
- ◆ 電動汽車由去年全球占比2.5%在2030年成為50%。

以上目標基本上絕無可能，IEA也不說破，只是警告各國政府想在2050年碳排歸零，2030年應達到的各種指標。

許多非能源專業讀者對以上指標未必有感，但對IEA針對以下2030年應達到的「個人行為變更」的指標應該有感：

1小時航程內之飛機班次全部取消，改搭無碳交通工具。

3公里（步行45分鐘）內之路程不得乘車，只能步行或騎單車。

全球政客2050年碳排歸零口號喊得震天價響，IEA只是很平實地列出2030年的「階段性目標」就戳破這個謊言。有如沒人敢說國王未穿新衣，要靠一個誠實的孩童說破。

本文發表於2020年12月25日

風傳媒：〈碳排歸零——國王的新衣〉

8.2　2050年淨零無望，解讀IEA報告1/3 ——傳統能源

緒論

本世紀以來全球暖化日趨明顯，氣候變遷成為全球極端關注的議題。因為使用煤炭、石油及天然氣等化石能源造成的碳排是全球暖化主因，如何節能減碳就成為國際共同努力的目標。國際間在2015年通過《巴黎協定》，目標在本世紀末將溫升控制在攝氏2度，並盡量努力將溫升控制在攝氏1.5度。

要將世紀末溫升控制在1.5度，全球就必須在2050年達到淨零碳排。但人類經濟活動非常倚賴化石能源，要達到此一目標極為困難。2020年在歐洲帶頭下，全球各國紛紛宣示將於2050年達到淨零碳排目標。

2050年距2020年還有三十年，承諾三十年後的目標意義不大，總要設定一些階段性目標（路徑圖），比如每十年減碳若干等，並定期檢驗是否達成這些階段性目標，如此才不會到2049年或2040年才忽然發現2050年淨零排放必將跳票。

IEA是為經濟合作及發展組織（OECD）的能源幕僚組織，是國際上最重要的能源智庫，每年都針對全球能源議題出版許多報告，是世界各國制定能源政策時主要參考資料。

IEA於2021年針對2050年淨零排放出版了一本減碳路徑圖，詳細規劃了要達到此一目標，全球每十年要達成的階段性目標。這本報告出版後洛陽紙貴，IEA宣稱該報告是IEA

有史以來被下載最多的報告。這也不足為奇，因為各國政府雖然都作了各種淨零碳排承諾，但對如何達成此一承諾都毫無頭緒，當然都急於在IEA報告獲得靈感及指點。

IEA於2023年9月出版了第二版2050年淨零排放路徑圖報告，當然報告絕不會承認2050年淨零排放不可能達成，但由該報告內容可明顯得知此一目標達成機率極微。個人將以三篇文章解讀IEA報告，解釋何以2050年淨零目標達成無望。人類只有面對現實，拋棄幻想，才能為減碳抗暖找到正確道路。

第一篇文章將檢討傳統化石能源是否能及時退場，第二篇文章將檢討新興無碳能源是否能及時接棒，第三篇文章將檢討IEA報告充斥一廂情願、無法成真之虛幻政策。

傳統能源

討論煤炭、石油及天然氣的前景前，應先了解全球能源使用前景。IEA報告階段性目標預估2030年全球經濟將較2023年增加25%，但能源使用將減少10%。這種預測有些令人匪夷所思，IEA如此預測的基礎在於全球能源使用效率將大幅提升。全球能源密度（Energy intensity）由目前每年降低2%進步為每年降低4%，主要依賴汽油車大量更換為能源使用效率較高的電動車。2030年距今不過六年，IEA期望的經濟成長但能源使用減少是否可以落實，吾人可拭目以待。

IEA預估到2050年電力使用成長將高於全部能源使用成長，一方面是因為經濟及人口增長，另一方面則是因為大量使用電動車及電力供暖，這些趨勢都促使電力使用快速增加。

目前全球電力供應主要仍然依賴化石燃料，既然未來電力使用快速增加，如何加速電力減碳即為重中之重。IEA預期2022年到2030年，全球化石燃料使用將降低25%，未裝設碳捕捉CCS之燃煤發電占比更將降低50%，2040年占比進一步降為0%，如前所述，這些預期，吾人不妨拭目以待。

既然化石燃料及燃煤發電將如此快速減少，IEA就提出了一些先決條件。

首先，既然未裝設CCS之燃煤發電占比在八年內要減少50%，十八年內要全部歸零，表示全球一半燃煤機組都將於八年內除役，十八年內將全數除役。當然全球就無需增建任何未裝設CCS之燃煤機組。

但IEA指出目前全球仍有150GW未裝設CCS的燃煤機組正興建中，要知這是極大規模的建設。台灣最大的燃煤發電廠台中電廠曾經名列全球最大燃煤電廠，共有十部每部機裝置容量55萬瓩（0.55GW）之燃煤機組，全廠裝置容量5.5GW。150GW相當於兩百七十部台中機組及二十七座台中發電廠正在興建中。由此可見世界仍然極為依賴燃煤發電。

目前全球還有150GW未裝設CCS之燃煤機組正在興建的事實，IEA也無可奈何。但為了全面降低燃煤占比，IEA假設明年全球全面禁建未裝設CCS之燃煤機組，此一假設是否落實倒不必等上八年，明年即知。個人對IEA此一預期不敢過度樂觀。

除了煤炭之外，油氣是更重要的化石能源，如果未來八年全球化石能源使用要降低25%，IEA指出新的油礦氣礦當然就不必開發了。

十分不幸，此一條件不必等到明年，今年就破功了。破功的罪魁禍首不是其他國家，正是減碳喊得最大聲的美國。

拜登總統在競選時，為穩住美國自由派選票，曾經承諾當選後不會允許石油公司在海域探勘油氣。但依媒體報導，拜登違反競選承諾而在今年允許石油公司在墨西哥灣進行三個新油氣探勘專案。

IEA的要求其實沒錯，快速減碳的條件之一就是電動車快速取代汽油車，在2030年銷售的新車中，2／3將為電動車。既然如此，全球汽油消耗量必將大幅降低，因供過於求，化石燃料價格也將崩盤。但事實好像並未依IEA劇本進行，今年電動車銷售量成長率遠低於IEA之預測。石油公司應該也不會拿自己的錢開玩笑，繼續開發「供過於求」的油氣資源。

許多人並不了解2050年淨零碳排何等艱難。工業、運輸甚至農牧減碳都極為困難，相較之下，電力減碳最為容易。IEA報告中明確指出，要達到2050年淨零排放，先進國家（包括台灣）的電力碳排必須在2035年全部歸零，中國電力必須於2040年歸零，其他開發中國家電力則必須在2045年歸零。

這種苛求也太過一廂情願。中國固然是全球綠能開發最積極的國家，但並未停止燃煤機組建設，目前全球在建燃煤機組中超過一半是中國所建，在可預見的未來，完全沒有停止興建的計劃。燃煤機組經濟壽命至少四十年，中國要在2045年電力歸零，表示目前興建中的機組運轉年限減半，IEA也指出火力機組提前除役是全球減碳最大成本之一，大陸並未承諾2045年電力歸零。

其實不必捨近求遠，實應先檢視台灣電力「淨零」期程。蔡政府規劃台灣2025年電力配比為綠電占比20％，煤電30％，氣電50％，換句話說，在2025年火電占比80％。蔡政府開發綠能之企圖心極大，規劃在2026年到2035年10年之間，每年增建2GW之太陽能發電，1.5GW之離岸風電。即使在如此有野心的全力開發綠電，蔡政府也只敢承諾2030年火電占比降為70%，台灣有可能在五年後的2035年電力碳排歸零嗎？

其實台灣也不必自責更無需自卑，絕大多數已開發國家電力都不可能在2035年歸零，更不用說全球電力碳排在2040年歸零。IEA只是說全球2050年要達到淨零碳排，碳排最容易歸零的電力必須先行歸零，IEA可沒說這些目標必定可以達到。

本文發表於2024年1月27日
風傳媒：〈2050年淨零無望——解讀IEA報告（上）
傳統能源退場困難〉

8.3　2050年淨零無望，解讀IEA報告2/3——新興能源

上篇討論了IEA於2023年出版的「2050淨零排放路徑圖」中有關傳統能源部分，本篇將檢討該報告中有關新興無碳能源之發展。

IEA報告中討論的無碳能源包括傳統水力發電及核能發電，當然著墨最多的是新興無碳能源功能較大的太陽能、風能、生質能、氫能等。也略有提及功能有限的地熱及海洋能。

IEA討論新興能源及科技之未來展望，討論集中於成本，基礎建設及稀有礦物、供應鏈等的挑戰。報告指出無碳電力，包括綠電、核電、水電、氫能及裝置了CCS的火電在2030年必須提供全球七成電力（較目前倍增）。

其最寄以厚望的新興無碳能源當然是過去十年大行其道的太陽能及風能，報導中特別指出過去十年全球太陽能裝置容量增加4倍，增加了1000GW，幾乎相當於歐盟的傳統電力裝置容量，但因太陽能容量因數（每年可發電時數）遠低於傳統電力機組，能提供的電力度數仍然有限。IEA對風電的預估較2021年的預估為低。

為了達成2050年淨零排放目標，全球再生能源（包括水力）的裝置容量在2030年要增加為目前3倍，全球再生能源裝置容量將由2022年的3630GW在2030年增加為11000GW，此為是否能達成全球減碳目標最重要的指標。太陽能與風電之裝置容量將分別由目前的每年增建220GW及75GW，在2030年增至每年增建820GW及320GW。不說別的，裝置風力及太陽能所須的土地面積就要增加4倍。風力加上太陽能的供電占比必須由目前的12%在2030年增加為40%。

IEA指出電力系統中增加如此大量的不穩定綠電，必將發生大規模棄電。為了避免發生棄電，就要在綠電建設經費之外，另外花費極大經費加速儲能設施（如鋰電池、電解水製氫）及電網建設，當然需求管理及綠電區域平衡也是必須採取的手段。

新型再生能源在運轉時沒有燃料成本，全部成本就集中於開頭之設置成本，這正是為何全球八成新興能源設置集中於財務能力較強的已開發國家及中國。IEA報告一再呼籲開發中國家應加強此類新興能源建設，但這些國家財政實在難以負擔。之前COP氣候峰會，已開發國家承諾每年提供1000億美元給開發中國家進行新能源建設，但實際到位援助遠遠不足。IEA也呼籲已開發國家信守承諾。

氫能在未來工業及交通減碳將扮演極重要角色，IEA報告也有所著墨，認為氫能發展太過緩慢，至今仍未有成熟具商業規模的氫氣鋼鐵廠。宣布的氫能開發計劃也只有4%較為成形。IEA預期到2050年氫能只不過提供全球1%電力，但全球電力反而有20%將用於製造綠氫提供工業及交通減碳之用。

IEA鼓吹以綠電電解水製綠氫，但全球各地自然條件不同，綠電成本相差懸殊。以太陽能為例，台灣條件最好的南部每年發電1200小時，但全球多國光電可發電2、3000小時以上，光電價格只有台灣的1/2甚至1/3。IEA建議綠電條件不佳國家不宜自行生產成本昂貴的綠氫，應由綠電條件好的國家進口綠氫，日本規劃將來由澳洲進口綠氫即為一例。麥肯錫與氫理事會預計到2050年，歐美中自產氫每公斤價格在美金1至2元，日本則需到美金4元。但IEA也指出目前液態氫氣海運技術尚未成熟，全球尚無大型運輸氫氣之船舶。

與傳統能源不同，綠能是所謂分散式能源，除了發電設備投資外，還要花大筆經費投資電網建設。IEA估計，由2022年到2030年，全球每年要新增2百萬公里的輸配電線路，除天文數字的建設經費外，申請電網許可執照也耗時費日。

IEA報告指出，依統計，在先進國家取得設立太陽能設備執照費時一至五年，取得陸域風電執照費時三至九年，取得離岸風電執照費時約九年。以往取得電網許可執照也得好幾年，目前為克服民眾反對，時間更為延長。各類綠能建設請照時程對2030年達成綠電增加3倍造成極大不確定性。

IEA對其他新興綠能也有所討論。生質能與地理條件關係重大，目前全球80%新興生質能使用集中於巴西、印尼、美國及歐盟。IEA並不看好地熱發電及海洋能，報告中指出2022年全球地熱發電占比0.35%。預計2050年發電占比1.1%。海洋能發電更微不足道，2022年全球海洋能發電占比0.05%，預計2050年發電占比0.16%。

IEA報告中明確指出核能為全球減碳不可或缺，2022年全球核電裝置容量417GW，發電占比9.3%。預計2050年雖然裝置容量增為916GW，但因全球用電量倍增，核電發電占比略降為7.8%。

新興無碳能源極為依賴一些特定礦產及稀土元素。但這些礦產及生產均集中於少數國家，產量最多的前三名共生產了90%鋰，75%鈷，65%鎳及45%的銅。中國一國更占了光電、風電及電池近8成製造能力。

以上四種礦產產量均不足以支撐IEA報告中所期望2030年綠能及電動車必須要達到數量。開採新礦更是曠日費時，由規劃到生產通常超過十年功夫。

由上篇討論可知傳統化石能源退場不易，由本篇討論也知新興能源所有指標都極難達成，遑論全部都必須達標才能達到2030年減碳階段性目標。新興能源按時接棒何止困難重重，根本毫無可能。下篇文章將進一步說明IEA報告中許多一廂情願的假設。

本文發表於2024年1月28日

風傳媒：〈2050年淨零無望——解讀IEA報告（中）新興無碳能源接棒無望〉

8.4　2050年淨零無望，解讀IEA報告3/3——虛幻政策

前文解釋了依IEA報告，純粹由傳統能源與新興能源兩個面向即可確認2050年淨零排放絕無可能。本文將針對IEA報告政策面的許多過度樂觀的假設，進一步確認2050年淨零排放目標極為虛幻。

IEA每年都會針對全球能源議題出版各種不同報告。近年來許多報告都必然與減碳——尤其是2050年淨零排放目標掛勾。但不論何年出版的報告，都會有一個基本假設：報告出版當年的全球碳排將為碳排最高值，之後就會每年下降，直到2050年達成淨零碳排目標。

但十分不幸，除了2020年因新冠肺炎肆虐，該年碳排下降，全球碳排是年年上升，IEA不得不年年修正全球碳排峰值。但碳排歸零目標年不變，一年年過去，離目標年的年分是年年縮短，IEA報告也只能坦承：減碳斜率越來越陡峭，每年要減少更多碳排，「達成目標的路徑越來越狹窄」。但還是死鴨子嘴硬，絕不肯承認減碳目標根本無法達成。IEA是全球最重要的能源智庫，如果IEA都坦承達不成減碳目標，全球豈不是「軍心渙散」？

全球減碳有一重大矛盾：全球仍有數十億赤貧民眾，這數十億民眾人均能源消耗極低，人均碳排極低。這龐大人口脫貧的先決條件就是增加能源消耗，換句話說就是增加碳排。為了抵消這數十億人在未來幾十年所增加的碳排，先進國家的淨零碳排年分就不能訂於2050年而要提前達標。

IEA當然知道淨零排放是何等困難，IEA也不敢強人所

難，也只能假設先進國家提前五年，在2045年達到淨零排放。中國是全球最大碳排放國家，近年中國減碳又極為積極，中國之前曾經承諾在2060年達到淨零碳排，IEA二話不說，假設中國淨零排放提前十年為2050年。

老實說，2020年前許多政府一窩蜂競相承諾在2050年淨零排放表現了政客的拿手把戲，2050年是三十年後之事，有任何今天承諾的政客要兌現此支票嗎？IEA報告也指出口頭承諾減碳年分的國家很多，但全球只有20%國家敢將承諾年分入法，但問題是即使入法就一定會達標嗎？台灣不知死活也將其入法，但有幾人相信可以達成？

IEA報告也退萬步，不強求全部國家都入法，但檢討絕大多數未將2050年承諾入法國家之能源政策後，得到的結論是「政策無法支持減碳承諾」。

以中國而言，因中國工業化起步比西方國家晚了近百年，目前大氣層中的人造二氧化碳大多仍是西方先進國家所排放，2020年前中國承諾較西方國家只晚十年，而在2060年達成淨零排放，已是極為大膽的承諾。今天IEA假設中國提前十年於2050年達標，中國同意嗎？豈不又是一廂情願的假設？

這還沒完，IEA報告也指出中東及北非等產油國，根本就沒有承諾任何減碳時程，全球人均所得最低30%的國家，無一提出減碳承諾。

IEA報告也深入討論發展中國家減碳議題，因為此方為決定全球減碳成敗重中之重。IEA指出數年前全球仍有15%人口無電可用，30%人口沒有清潔燃料以供烹飪。近年情況雖有改善，但因俄烏戰爭造成國際燃料價格上漲，全球有7500萬人又退回無電可用，1億人退回沒有清潔燃料烹飪的窘境。

全球開發中國家脫貧的先決條件就是有充分的能源，IEA估計2050年全球經濟規模要較今日倍增，主要成長就在開發中國家。但經濟倍增，僅憑藉無碳能源是艱難無比的挑戰。

今日非洲國家綠能裝置極少，非洲太陽能資源非常豐富，但整個非洲太陽能裝置容量不及荷蘭一國。過去十年中國一國增加之綠能裝置容量為全球其他開發中國家加總裝置容量3倍。IEA指出開發中國家對無碳能源的投資要更加「積極」，對綠能的投資要較今日增加7倍。

現實非常殘酷，間歇性不穩定的綠能無法提供非洲國家經濟發展所需穩定而價廉的電力。以非洲國家及其他開發中國家角度而言，國家經濟發展及人民脫貧遠較減碳來得重要。此外至今開發中國家對全球碳排的「貢獻」仍然極低，IEA指出全球最富裕的10%人口碳排占全球碳排的50%，全球最貧困10%人口占全球碳排0.2%。

但IEA報告指出，要達到2050年淨零碳排目標，2035年已開發國家碳排要減少80%而開發中國家碳排也要減少60%。已開發國家在2035年要達到電力碳排淨零，中國要在2040年達到同樣目標，而其他開發中國家則要在2045年達到電力碳排淨零。

已開發國家有何道德立場強迫開發中國家犧牲經濟發展跟著已開發國家「共襄盛舉」減碳？

結語

諾貝爾經濟獎得主，人稱氣候經濟學之父的耶魯大學教授諾德豪斯在《巴黎協定》通過時即指出全球溫升2度無法避免，即使2100年淨零排放都無比困難。今日先進國家提出的2050年淨零排放是極為不負責任，道德上也完全站不住的減碳目標。

減碳抗暖無疑是一個全體人類必須面對的問題，執著於無法達成的目標有害無益。全球應認真思考提出真正可行的減碳策略與時程，台灣也應預作準備，放棄目前花上天文數字經費，亂槍打鳥但註定失敗的政策而思考何為台灣的無悔政策。

本文發表於2024年1月29日
風傳媒：〈2050年淨零無望——解讀IEA報告（下）虛幻政策註定失敗〉

第九章
務實目標

◆

本章為本書壓軸章節。2050年淨零無望並非什麼祕密。諾貝爾經濟獎得主諾爾豪斯教授在巴黎會議後早已斷言。本章第一篇文章引述其獲得諾獎之經濟模型，指出溫升3度方為較可能達到的目標。但許多科學家認為溫升3度恐對人類造成嚴重災難，本章第二篇文章介紹「氣候工程」或為人類不得不採取之平衡經濟與氣候的重要手段。

9.1 溫升以3度為目標，諾貝爾獎得主如是說

2022年7月本人應邀參加由馬英九基金會及江宜樺前院長創立之長風基金會共同舉辦的「淨零排放與能源政策：2022民間能源會議」。

由該會議題目即知本次能源政策會議之重點在於檢討蔡政府2050年淨零排放的目標是否可以達成。由全天六場演講可知如果台灣仍然死守非核家園政策，2050年淨零排放必將

跳票。

個人參與最後一場次的「圓桌論壇」，並發表了10分鐘講話。開場白即指出藍營能源政策討論集中於核能乃藍營之盲點，核能固然重要，但僅是能源的一環，不宜見樹不見林，忽略了台灣能源政策有根本性的大問題。2050年淨零排放即為一嚴重迷思。

蔡政府堅持反核，2050年淨零排放目標固然達不到。但即使恢復核能，此一目標就可以達成嗎？即使目前三座核電廠的六部機組全部延役並將之取代碳排最大的燃煤機組，每年可減碳約3千萬噸，問題是台灣每年碳排接近3億噸，恢復核能可以減少約10%的碳排，其他90%碳排有可能在2050年歸零嗎？

2050年淨零排放不只是台灣的迷思，也是全球的迷思。許多人將2050年淨零排放喊得震天價響，但如果問2050年淨零排放，2100年全球溫升多少？很多人答不出來，多數人答案為攝氏2度，因這是2015年《巴黎協定》的目標。真的如此嗎？

圖9.1為聯合國IPCC在2021年出版的AR6（第六次評估報告）中最重要的一張圖。

該圖為各種不同溫室氣體在不同情境下未來一世紀的排放。左側最大的圖即為最重要的二氧化碳在五種不同情境下由目前至2100年之碳排。其中最下方為SP1-1.9碳排將於2050年歸零，這正是目前包括台灣及全球許多國家的碳排目標。在本情境下，2100年全球溫升攝氏1.5度。

下方第二條SP1-2.6之碳排將於2075年歸零，2100年之全球溫升為攝氏1.8度。圖中SP2-4.5之碳排在本世紀不會歸零，在該情境下2100年之全球球溫升為攝氏2.7度。該圖顯

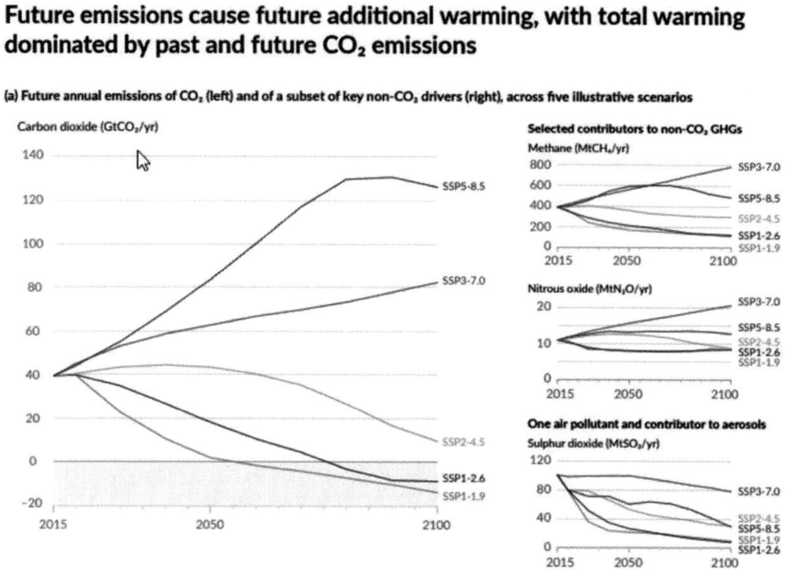

圖9.1　IPCC AR6五種SSP碳排

資料來源：IPCC政府間氣候變化專門委員會

（彩圖詳見頁163）

示之五種情境都沒有2100年溫升攝氏2度的情境。

依計算，若碳排在今天達峰值，並依線性降低至2100年歸零，2100年之全球溫升約為攝氏2度。

耶魯大學教授，2018年諾貝爾經濟獎得主，有氣候經濟學之父之稱的諾爾豪斯教授在2015年COP26巴黎會議後之評論，以攝氏2度為2100年溫升目標不可能達成。試想若以2100年溫升2度為目標，碳排將於2100年歸零都不可能達成，目前全球以2050年碳排歸零為目標豈非癡人說夢，天方夜譚？

其實以溫升幾度作為減碳目標要依循成本效益分析（Cost Benefit Analysis）。當然溫升太高會造成經濟損失，但減碳措施也是極為昂貴，究竟平衡點何在？

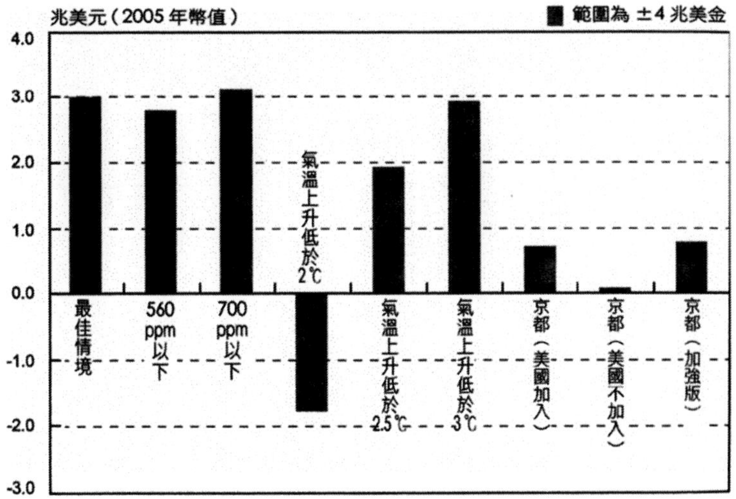

圖9.2　不同情境之減碳成本（範圍±4兆美元）

資料來源：W. Norahaus, *A Question of Balance* (2008)

圖9.2為諾氏在《一個平衡問題》（*A Question of Balance*）一書中，以其得諾貝爾獎之「氣候與能源整合電腦模型」進行成本效益分析所得之結論。由本圖可知若以溫升2度為目標，對人類社會將造成2兆美元的損失，反之若以溫升3度為目標，對人類社會將創造3兆美元的福利。由本圖亦可看出，溫升3度之二氧化碳濃度約為700ppm，為工業革命前280ppm之2.5倍，目前大氣中二氧化碳濃度約為410ppm，人類實在沒有什麼好窮緊張的。

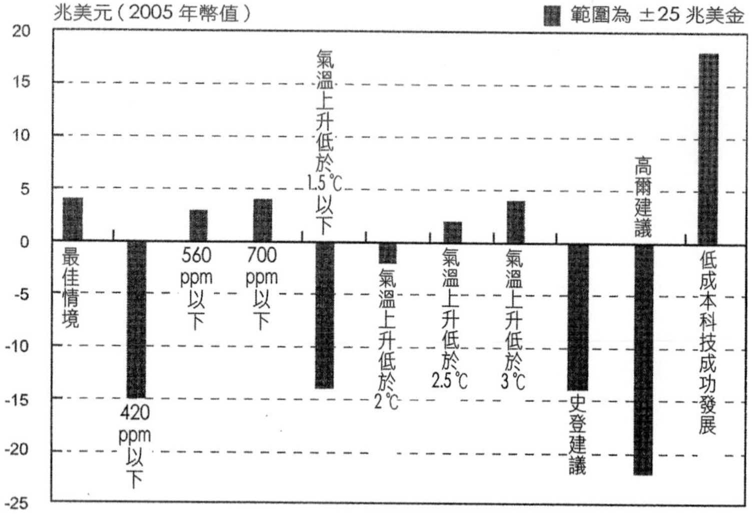

圖9.3　不同情境之減碳成本（範圍±25兆美元）

資料來源：W. Norahaus, *A Question of Balance* (2008)

圖9.3是同一本書中的另一張圖，圖中縱座標遠大於前一張圖。本圖顯示若以溫升1.5度為減碳目標，對人類社會將造成15兆美元的巨大損失，是極為嚴重的災難。本圖也顯示依美國副總統高爾及英國經濟學家史登建議之減碳，對人類社會將造成極嚴重的衝擊。

但依極端暖化威脅論，溫升超過2度，人類文明不是會崩潰嗎？

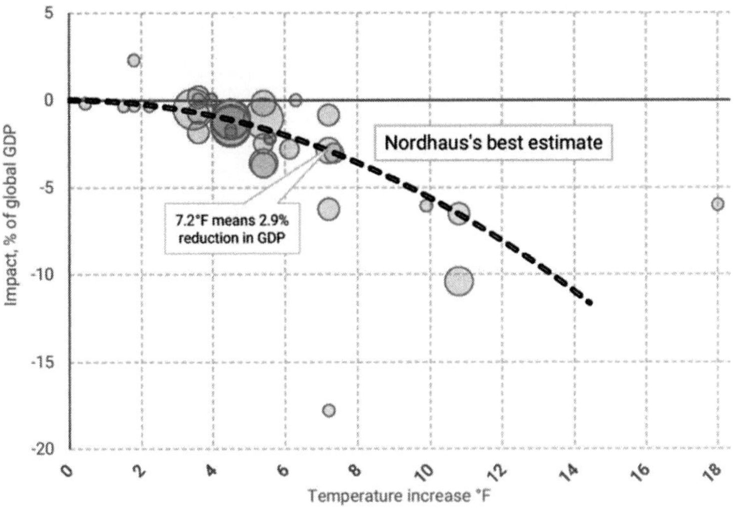

圖9.4　不同溫升對經濟之影響

資料來源：B.Lomborg, *False Alarm* (2020)

圖9.4橫座標為2100年之溫升，縱座標為對2100年全球經濟造成的影響。圖中圓圈為聯合國報告中不同電腦模型模擬的結果，圖中曲線為諾氏之最佳估計。由圖可知，溫升攝氏4度（華氏7.2度）對全球經濟將造成2.9%的影響，人類文明並不會毀滅。

為何世界上有這許多人被極端暖化威脅論者所洗腦？請看圖9.5。

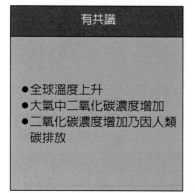

有共識	無共識
●全球溫度上升	●溫升完全因為二氧化碳濃度增加？
●大氣中二氧化碳濃度增加	●暖化已造成全球氣候變遷？
●二氧化碳濃度增加乃因人類碳排放	●電腦模擬未來溫升可靠嗎？
	●暖化會對經濟造成嚴重影響嗎？
	●暖化會對人類社會造成重大衝衝擊嗎？

圖9.5　全球暖化有無共識？

本圖列了八個問題，一般人認為這八個問題都已定案，答案都是肯定。完全不是這麼回事。任何以為答案都是肯定的人都已遭嚴重洗腦。只有左邊三個問題有共識，右邊的五個問題學術界並無共識。本書附錄介紹兩本提供不同思考方向的書籍。

台灣社會不分藍綠，已遭極端暖化威脅論之嚴重洗腦，蔡政府甚至要將2050淨零排放納入《溫室氣體減量法》，完全不知將對台灣造成多麼嚴重的影響。期盼有更多國人對暖化有正確知識，凝聚力量，或可力挽狂瀾。

本文發表於2022年8月22日

風傳媒：〈溫升以3度為目標，諾貝爾獎得主如是說〉

9.2 兼顧氣候與經濟的氣候工程[4]

第27屆聯合國氣候峰會COP27於2022年11月6日在埃及召開，會期兩週，超過35000人與會。每屆COP會議對全球減碳目標都有所建議及規範，影響世界各國能源及氣候政策，是全球矚目的年度重要會議。

氣候變遷與全球暖化無疑是人類面對的巨大挑戰。2015年在巴黎舉行的COP21會議呼籲在本世紀末將全球溫升控制在攝氏2度，但又加了一句話：人類應共同努力在本世紀末將溫升控制在攝氏1.5度。

大氣中二氧化碳濃度增加主因是人類使用化石燃料，控制溫升最主要的手段就是逐年降低化石燃料使用。依電腦氣候模型模擬，若今日碳排達到峰值，在未來三十年每年依線性降低直到2050年達到淨零排放，方有可能在本世紀末將溫升控制在攝氏1.5度。此即為去年COP26會議前，全球各國（包括台灣）紛紛承諾在2050年達到淨零碳排之主因。

但自從18世紀中葉工業革命以來，化石能源就是促進人類經濟發展及文明進步的最主要支柱，目前全球能源80%仍然依賴化石能源，期望在三十年內達成能源轉型，完全放棄化石能源，談何容易。

位於巴黎的IEA是全球已開發國家（OECD）的能源智庫，也是規劃全球能源轉型最主要的機構。10月IEA剛出版的《2022全球能源展望》報告即有專章討論2050淨零排放路徑圖，但其中充斥不切實際，一廂情願的「路徑」。

---

4 作者《台灣的能源災難：一本書讀懂能源謎團》（台北：獨立作家，2018年）一書中，專章討論氣候工程。

石油輸出國家組織（OPEC）一向對IEA的預測嗤之以鼻，OPEC認為開發中國家極需價廉之化石能源發展經濟，OPEC近日宣布預計到2045年前將投資12兆美元開發新的油氣資源，完全否定所謂2050年達到淨零排放說法。

COP會議以溫升攝氏1.5度或2度為目標主要是因為擔心溫升3度會造成颱風、暴雨、乾旱、野火等極端氣象加劇造成的天然災難。但人類除了減少碳排外還是有降低溫升的手段，這就是很少人知道的「氣候工程」，此為人類師法自然產生的靈感。

全球每年都有火山爆發，但通常規模不大。但每隔數十年就有特大規模的火山爆發，此種大型火山爆發後，全球溫度會有所下降。原因在於火山爆發時會將大量二氧化硫等微粒噴上離地表超過10公里的大氣平流層，此等微粒在平流層會停留一年左右才降回地表，因而有阻絕陽光使全球降溫的效果。

近數十年最大的一次火山爆發是1991年菲律賓的Pinatubo火山爆發，估計有1千萬噸的二氧化硫噴入平流層，使次年全球平均溫度降低0.5度。1815年在印尼有一更大規模的火山爆發，次年成為「沒有夏天的一年」，全球農產欠收，造成嚴重飢荒。

以飛機在平流層釋放二氧化硫在技術上完全可行並且價格低廉，英國皇家科學院估計只要美金2500億元即可支付未來百年釋放二氧化硫費用。不說別的，單單美國去年通過的基礎建設及今年通過的抗通膨兩法案中，就有5600億美元用於對抗氣候變遷，但減緩溫升效果微乎其微。

以往聯合國及全球氣候能源界都避談「氣候工程」，將其視為禁忌，因為擔心如果民眾知道有簡單價廉的抗暖手段，會削弱支持能源轉型政策的力道。但近年聯合國IPCC氣候變遷報告中也不得不正視並討論氣候工程。

以能源轉型減碳而在2050年達到淨零排放，希望2100年溫升控制在攝氏1.5度對人類經濟造成的衝擊實在太大，與溫升造成的負面影響比較，得不償失。此為耶魯大學諾德豪斯教授以氣候經濟成本效益分析得到的重要結論，諾氏並因此研究而在2018年獲頒諾貝爾經濟學獎。

依目前趨勢，全球終將覺醒，放棄不切實際的激進減碳政策，而改以本世紀末攝氏3度溫升之碳排作為減碳目標，輔以氣候工程手段，使本世紀末實際溫升控制在攝氏1.5度。看來這極可能是人類無法避免的選擇。

本文發表於2022年11月7日

奔騰思潮：〈兼顧氣候與經濟的氣候工程〉

結語

本書討論能源及減碳，減碳的真正原因是為了抗暖，所以本書雖未討論氣候，但懼怕氣候變遷帶來的災難是人類如此瘋狂推動能源轉型的根本原因。可嘆一般人對氣候與能源都有極大的盲點。

對氣候的盲點在於分不清氣象與氣候。颱風下雨，乾旱洪災等人人均可感受到的每日天氣變化是氣象（Weather）。氣候（Climate）是統計學，是氣象數據的統計，氣候數據是否有「趨勢」，是否有「變化」，至少要看三十年的統計。一般人不了解統計，對統計資料也毫無興趣，將氣象誤會為氣候，自我驚嚇。

對能源的盲點也是不了解「能源轉型」時間極為漫長。誤以為能源轉型像換手機，每年都可汰舊換新。但人類以往的能源轉型時間都以兩個世代（六十年）計。能源轉型時程緩慢的主要原因在於能源基礎建設投資極為龐大，使用及折舊年限漫長。目前全球主要能源相關基礎建設如煤礦、油氣井、液化天然氣設備、能源輸出入港口、發電廠、輸配電系統、煉油廠與油氣管線等資產共計20兆美元，未使用至經濟年限無法回本，能源不可能快速轉型，能源轉型時間漫長其來有自。

如果2050年淨零排放無望，人類下一步要怎麼辦是每個人的疑問。個人沒有答案（IEA也坦承2030年之減碳科技多未成熟），但有一些建議。

個人沒有答案原因也很簡單，個人不知道2100年的世界會進步到何種程度。為何提到2100年？要先給全球未來減碳的可能走向作一預測。個人認為全球在2030年前就會放棄2050年淨零排放目標。因為原定2030年全球碳排要較2020年減少40%的階段性目標會很難看地收場，不得不放棄2050年淨零排放的目標。

全球下一個淨零碳排的目標會設在何年呢？個人大膽預測會設在2060年，但個人也大膽預測2040年前又會再度放棄，改為2070年。這種老戲碼會每十年上演一次。人類會一路跌跌撞撞，浪費天文數字減碳但一路失敗，並不肯吸取教訓，這是全體人類被「激進減碳」思維綁架的悲哀。

個人建議一步到位將淨零碳排放目標定在2100年，這一建議也有所本，只是回歸《巴黎協定》的原始目標：控制2100年溫升不超過2度。很多人並不清楚國際間設定2050年淨零排放的原因是要控制2100年溫升為1.5度。這並非《巴黎協定》的原始目標。大家也不要以為2100年淨零排放很簡單。諾爾豪斯教授就認為人類無法控制溫升為2度，換句話說，即使2100年淨零排放也是千難萬難。

明年是2025年，離2100年仍有七十五年，由2025年回溯七十五年是1950年，二戰剛結束五年。當時一般家庭的唯一「電器用品」就是電燈，現在一般家庭中的電器用品不知凡幾，五十年前大家聽過電腦嗎？有幾個家庭有電話？今天資通訊科技發達程度七十五年前的人可以想像嗎？

2100年同樣距今七十五年，當今人類同樣無法想像七十五年後的減碳科技。名科學家戴森曾建議以基因工程改造植物，使其進行光合作用時較目前植物吸收千倍二氧化碳，今天聽來有如天方夜譚，但何人可以斷言絕不可能？未來減碳科技發展絕對出乎現代人的想像。

將淨零碳排時程由2050年推遲五十年為2100年的結果是在2100年時的全球溫升將由1.5度變成2度。老實說個人不認為增加0.5度將會為世界帶來什麼不可承受的災難。曾任美國能源部副部長及加州理工學院副校長的著名科學家庫寧於《暖化尚無定論》一書有詳細說明。

如果庫寧等人錯了世界會「毀滅」嗎？本人曾介紹的「氣候工程」就是人類的「保單」，只要花較瘋狂減碳相對極低的經費在大氣平流層釋放1%人類目前在對流層釋放之二氧化硫，多反射1%的陽光，全球就會降溫1度，此一現象已由火山爆發證明可行。

台灣該如何因應目前全球減碳壓力？以歐盟碳關稅而言，台灣應觀察競爭對手如何應對，對其影響如何，並盤點國內真正受影響之廠商，予以個別協助，絕對強過無頭蒼蠅似地以激進手段進行全社會減碳。對RE100[5]之要求，台電何不考慮釋出水力發電之綠電給真正受影響的廠商？

台灣也應對國際放棄2050淨零目標的可能性先行部署，以成本效益分析排定減碳手段順序，並應採行「無悔政策」，避免陷入不可收拾的情境，如再生能源裝置超過尖峰用電需求即為一例。反之，放棄非核家園政策，恢復使用核電就是功能卓著、最明顯的無悔政策。放棄瘋狂減碳政策，將部分省下之經費加強減碳科技研發亦可列為無悔政策。

目前全球推動2050年淨零排放必不可行，是將對全球經濟造成巨大災難的死胡同。台灣單單因為錯誤推動風電產業，已鎖定一兆元的損失，強推不可行的淨零目標而鎖定的

---

5 承諾於特定年分時100%使用再生能源。

經濟災難不敢想像。

希望五年後，當全球放棄2050年淨零目標之際，有讀者記得之前有人早已作此預言，並認真考慮本人的建議。

本文發表於2024年5月13日

奔騰思潮：淨零排放跳票後的對策

附錄

好書推介

附錄1 《暖化尚無定論》推薦序

全球溫度上升了嗎？當然。大氣中二氧化碳濃度增加了嗎？當然。二氧化碳濃度增加是因為人類碳排嗎？當然。以上幾點科學界沒有異議，但以下推論爭議就很大了。

溫升完全是因為二氧化碳濃度增加嗎？未必。暖化已造成全球氣候變遷？沒有證據。電腦模擬未來溫升可靠嗎？不見得。電腦模擬未來氣候變遷可信嗎？差得遠。暖化會對經濟造成嚴重影響嗎？沒的事。暖化會對人類社會造成嚴重衝擊嗎？別扯了。

大多數人看到以上爭議必定極為驚訝。如果你是其中一員，抱歉，你已被嚴重洗腦。國外討論暖化爭議的書籍汗牛充棟，但極少有中文翻譯，台灣是正確暖化知識的沙漠。本書的出版，填補了此一巨大空白。

竟然有人敢對暖化提出異議？太不可思議了。作者何人？有什麼資格挑戰「早已定案」，人人皆知對人類文明將造成重大衝擊的暖化威脅？

作者庫寧（Koonin）是極負盛名的物理學家，曾任加州理工學院副校長，也曾擔任歐巴馬政府能源部科學副部長。作者長期研究氣候及能源議題，對目前全球對暖化的嚴重誤解，實在看不下去。不計個人毀譽，挺身而出，挑戰洗腦全球的極端暖化威脅論。

作者先討論暖化的科學，解釋電腦模型與觀測不符及模型失敗的原因。由科學角度引用正確數據，對許多研究報告對溫升、颶風、降雨、乾旱、火災及海水上升的誇張報導，提出了嚴厲的批評。作者進一步解釋為何暖化對人類健康、糧食生產及經濟發展的影響都極為渺小。

為何全球陷入如此嚴重的暖化恐慌？可歸咎於陰謀論嗎？作者不認為如此。本書可貴之處在於作者經由親身體驗，就近觀察，解釋媒體、政客、科學家、科學機構及環保團體的個別責任，使極端暖化威脅誤導陷入今日的惡性循環，是造成目前全球陷入「氣候恐慌症侯群」的原因。

為什麼你非讀這本書不可？有兩個原因：一方面能源是提供社會正常運轉最重要的支柱，但錯誤的暖化認知對台灣造成極為惡劣的影響。政府目前強推的2050年淨零碳排，意圖削減支撐台灣社會穩定運作的化石燃料使用，而以再生能源取代的迷思會將台灣帶向萬劫不復的險境，每個人都會受到巨大影響。

另一方面人類社會很少發生全面遭受洗腦的情形。為何全球暖化、氣候變遷在科學上有極多漏洞，竟成了全球顯學？這種情況極少發生，有機會了解此一極特殊「病歷」的來龍去脈，不會引起你的好奇心？

本書由科學層面破除暖化迷思，輔以經濟層面破除暖化迷思的另一本巨著：《扭曲的氣候危機》。該書引用諾貝爾經濟獎得主，氣候經濟學之父，耶魯大學諾德豪斯教授（Nordhaus）之氣候經濟模型，得出以溫升3攝氏度作為減碳目標才合於成本效益分析之結論。

在民主社會，只有更多人了解真相，才能扭轉將台灣帶入深淵的錯誤氣候能源政策。讀完本書後，勿忘推薦你的全部友人。

本文發表於2022年11月7日

奔騰思潮：〈推介好書：《暖化尚無定論》〉

附錄2　《扭曲的氣候危機》推薦序

這可能是你讀過最重要的一本書。這本書討論目前世界面臨的最大問題：氣候變遷。且慢，本書並不是說氣候變遷是世界最大問題，這類書籍汗牛充棟。本書別樹一幟，指出誤以為氣候變遷是世界最大問題才是世界面臨的最大問題。因為這個天大誤會，全球亂了手腳，離譜的應對政策反而造成人類最大災難。讀完本書你將恍然大悟，必然感到眾人皆醉我獨醒並驚懼於全球陷入瘋狂。

目前全球陷入瘋狂，這句話絕非誇張。為何瘋狂？因為極多人誤以為氣候變遷將導致人類重大災難，一半民眾甚至認為氣候變遷將造成人類滅絕。因為此一嚴重誤解，各國政府能源政策大轉彎，放棄支撐人類文明的化石能源。不惜任何代價，強力推動傷害將遠大於氣候變遷衝擊的「綠色新政」。

為何造成這種現象？根本原因在於環保團體危言聳聽，新聞媒體照單全收，推波助瀾的結果。目前媒體充斥極端氣象新聞，因網路發達，全球任何地方發生氣象災難，消息立即傳播全球並歸罪於全球暖化。

但人類有史數千年來，哪一年沒有極端氣象？但近二十年來，媒體將全球各地任何極端氣象都歸咎於全球暖化的情勢下，大家完全忘了本來就天道無常，發生極端氣象是正常，沒有極端氣象才不正常。但長期洗腦的結果，民眾完全忘了老祖宗的智慧，無論何處發生極端氣象就連結到全球暖化。政治人物也是凡人，長期洗腦的結果，反應與一般民眾並無兩樣，這就是為何全球陷入目前這種瘋狂情境。

科學家擔心的是原本就會年年發生的極端氣象嗎？科學家擔心的是氣候變遷。氣候與氣象一字之差，意義完全不同。氣象是每日天氣，氣候是氣象的統計數字。科學家並不擔心日常的極端氣象，科學家關心的是氣象的長期統計數字是否因全球暖化而有惡化的趨勢。

聯合國每隔六、七年出一新版《氣候變遷評估報告》，其中對全球長期乾旱，水災，野火及颱風等自然災害的趨勢結論類似：不是統計資料不足就是看不出統計學上有意義的長期變化。聯合國報告中也明言：少量溫升對全球經濟有利；暖化對經濟影響有限；與其他影響人類福祉的衝擊相較，暖化威脅相對較小。但習慣於語不驚人死不休的媒體會報導這種「沒有新聞價值」的科學結論嗎？

氣候變遷全球暖化是無可否認的事實，問題在於對人類造成的衝擊有多大？依目前氣候變遷趨勢，其實即使到21世紀末，衝擊仍然有限，人類完全有能力以合理的手段與代價應付。但問題是目前大多數民眾與政治人物的錯誤認知，將暖化衝擊無限誇大，其結果是人類錯誤地付出不成比例的代價解決相對較不嚴重的問題。

歸根結底，解決任何問題還是要回歸成本效益分析。應付氣候變遷全球暖化也不例外。當然氣候變遷的天災會造成經濟損失，但過激的減碳政策造成的經濟衝擊也極大，何為平衡點？2018年諾貝爾經濟獎得主諾爾豪斯教授三十年來投身於氣候經濟學，被尊為氣候經濟學之父。多年來諾氏發展了統合氣候與經濟的電腦模型評估各種不同減碳目標的成本效益分析。利用諾氏的經濟分析可知，不用說所謂2050年達成碳中和，就是遠為寬鬆的《巴黎協定》目標都經不起嚴格的成本效益分析，該協議對人類造成的傷害遠大於氣候變遷本身的衝擊。

台灣問題尤其嚴重，對氣候變遷造成的影響及對應政策在許多國家都有政策辯論，像台灣這種不分政治立場全面遭受洗腦的社會還真少見。台灣社會太需要這種振聾發聵的論述了。

請坐正，繫緊安全帶，讓本書作者帶你進入氣候變遷議題理性的探索。

本文發表於2021年6月17日
風傳媒：〈2050碳中和對人類的傷害，
遠超過氣候變遷帶來的衝擊〉

彩圖

一、2025年系統態樣與衝擊

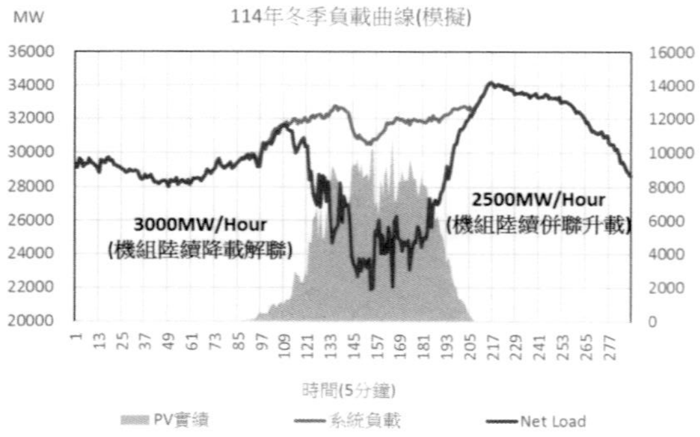

● 情境

1. 再生能源（PV）滲透率約40%~50%，但無法完全滿足冬季尖峰負載需求。
2. 白天時段傳統機組出力大幅降低，部分機組甚至解聯待機，導致系統慣量（inertia）不足。
3. 抽蓄機組運轉調整至為白天時段抽水，其他時段發電，但儲能容量可能仍不足。
4. 複循環機組解併聯頻繁，易造成運轉維護問題。

● 衝擊

1. 傳統機組發電容量減少，造成輔助服務取得困難。
2. 系統慣量不足，發生偶發（跳機）事故時易造成系統穩定度問題。
3. 主動式無效電力來源不足，發生接地故障時，可能導致系統電壓不穩定。
4. 下午時段負載上升速度快，升載不及或遇跳機事故，易導致低頻電驛動作卸載。

彩圖2.5　2025年系統態樣與衝擊

資料來源：台電輸供電事業部「智慧電網演講」簡報。

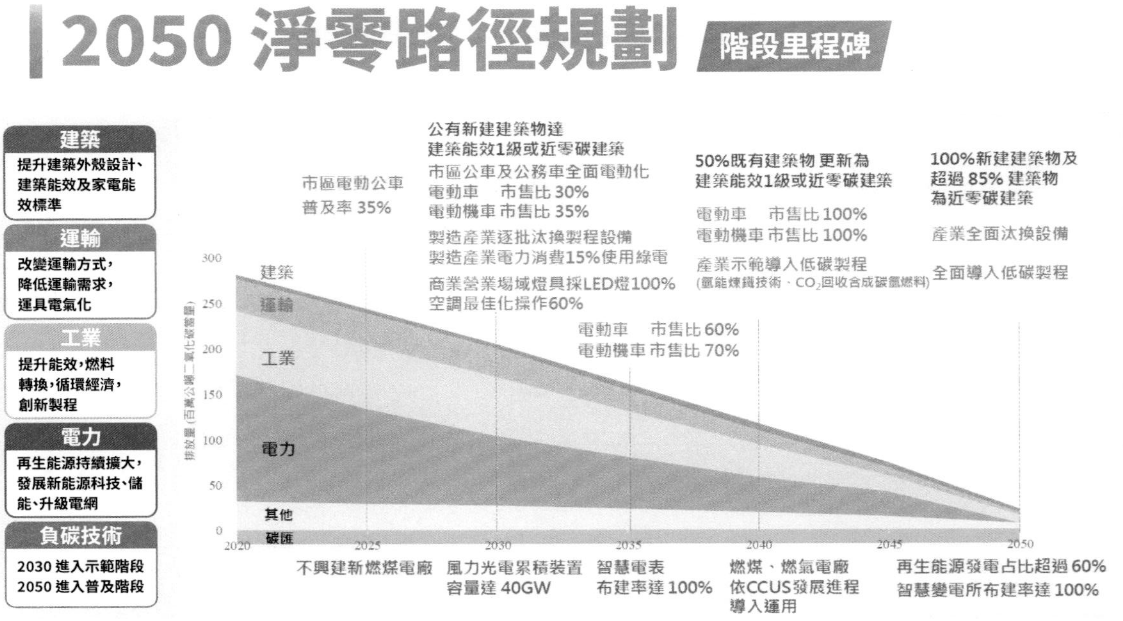

彩圖5.1 臺灣淨零路徑規劃之階段里程碑

資料來源：國家發展委員會

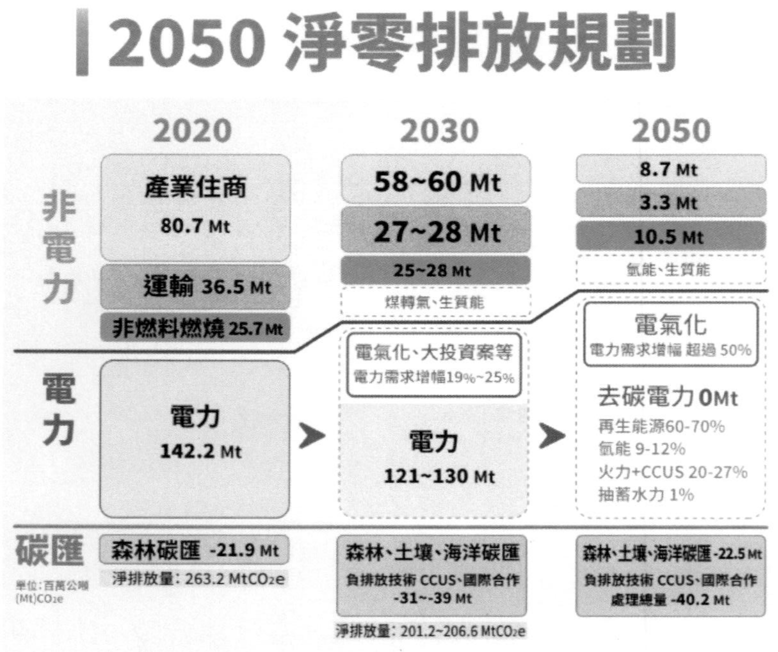

2050 淨零排放規劃
2020
2030
2050
非電力
產業住商
80.7 Mt
運輸 36.5 Mt
非燃料燃燒 25.7 Mt
58~60 Mt
27~28 Mt
25~28 Mt
煤轉氣、生質能
8.7 Mt
3.3 Mt
10.5 Mt
氫能、生質能
電力
電力
142.2 Mt
電氣化、大投資案等
電力需求增幅19%~25%
電力
121~130 Mt
電氣化
電力需求增幅 超過 50%
去碳電力 0Mt
再生能源60-70%
氫能 9-12%
火力+CCUS 20-27%
抽蓄水力 1%
碳匯
單位：百萬公噸(Mt)CO2e
森林碳匯 -21.9 Mt
淨排放量：263.2 MtCO2e
森林、土壤、海洋碳匯
負排放技術 CCUS、國際合作
-31~-39 Mt
淨排放量：201.2~206.6 MtCO2e
森林、土壤、海洋碳匯 -22.5 Mt
負排放技術 CCUS、國際合作
處理總量 -40.2 Mt

彩圖5.2　2050淨零排放規劃

資料來源：國家發展委員會

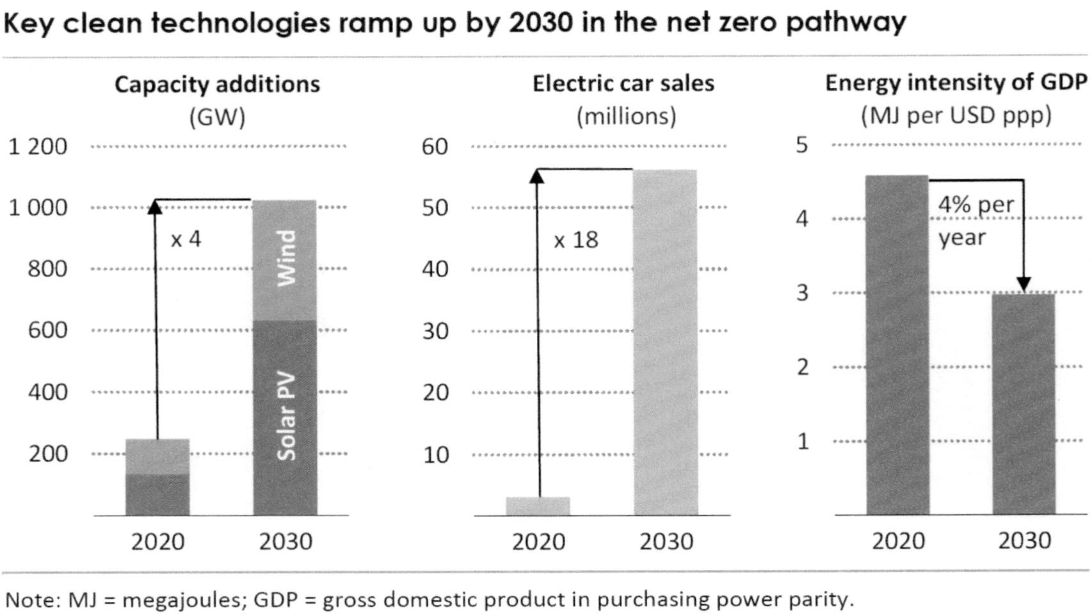

彩圖6.1　2030年清潔科技成長

資料來源：IEA，國際能源總署

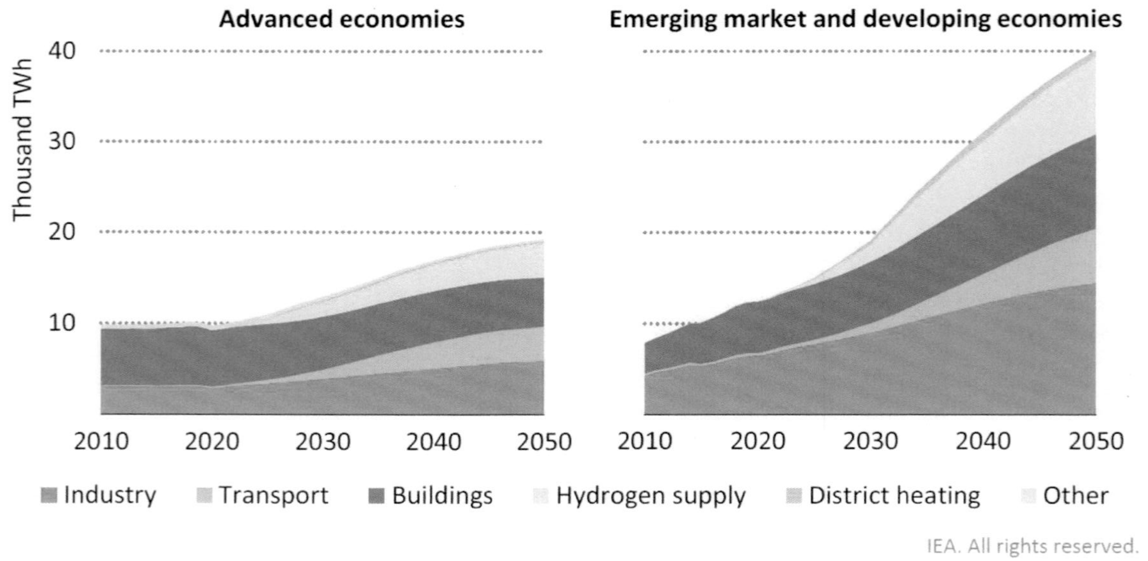

彩圖7.1　已開發與開發中國家用電
資料來源：IEA，國際能源署

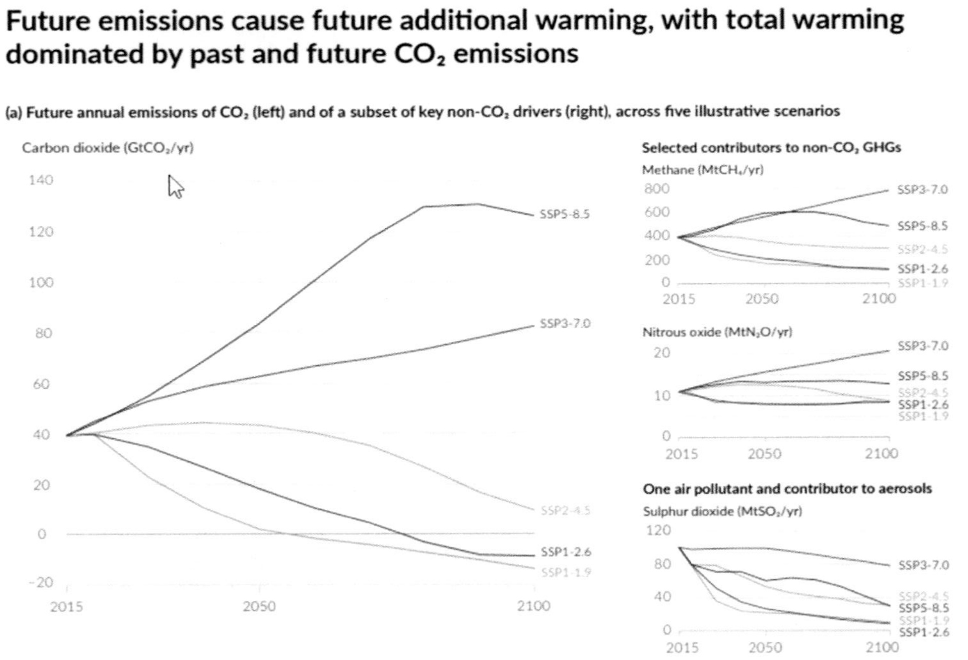

彩圖9.1　IPCC AR6五種SSP碳排

資料來源：IPCC政府間氣候變化專門委員會

｜作者簡介｜

陳立誠

◆ 所列為退休前職務與專業團體 ◆

職　務	吉興工程顧問公司　董事長
學　歷	哥倫比亞大學（Columbia）土木與力學系P.C.E. 克雷蒙遜大學（Clemson）土木系M.S. 台灣大學土木系B.S.
證　照	中華民國土木技師 美國紐約州專業工程師 亞太工程師（APEC Engineer）
專業團體	中華民國工程技術顧問公會理事 中華民國汽電共生協會理事 台灣碳捕存再利用協會理事 台北市美國商會基礎建設委員會主席 中國工程師學會對外關係委員會主任委員 中國工程師學會環境與能源委員會副主任委員 台電核能安全委員會委員
部落格	http://taiwanenergy.blogspot.tw
臉　書	http://www.facebook.com/taiwanenergy
著　作	沒人敢說的事實 反核謬論全破解 能源與氣候的迷思 台灣的能源災難 離岸風電大騙局
吉興公司	吉興公司為電力專業工程顧問公司，30年來，吉興公司規劃設計近8成國內火力電廠（燃煤、油、氣），業務並擴及海外。

Do觀點76　PB0046

淨零碳排？別鬧了！
——2030見真章

作　　者／陳立誠
責任編輯／邱意珺
圖文排版／許絜瑀、陳彥妏
封面設計／王嵩賀

出版策劃／獨立作家
發 行 人／宋政坤
法律顧問／毛國樑　律師
製作發行／秀威資訊科技股份有限公司
地址：114 台北市內湖區瑞光路76巷65號1樓
電話：+886-2-2796-3638　傳真：+886-2-2796-1377
服務信箱：service@showwe.com.tw
展售門市／國家書店【松江門市】
地址：104 台北市中山區松江路209號1樓
電話：+886-2-2518-0207　傳真：+886-2-2518-0778
網路訂購／秀威網路書店：https://store.showwe.tw
國家網路書店：https://www.govbooks.com.tw

出版日期／2024年8月　BOD一版　**定價**／280元

|獨立|作家|
Independent Author
寫自己的故事，唱自己的歌

讀者回函卡

淨零碳排?別鬧了! : 2030見真章/陳立誠著. --
一版. -- 臺北市 : 獨立作家, 2024.08
面 ;　公分. -- (Do觀點 ; 76)
BOD版
ISBN 978-626-97999-6-1(平裝)

1.CST: 能源政策　2.CST: 言論集

554.6807　　113009784

國家圖書館出版品預行編目